Uzman Klinik Psikolog

TUNA TÜNER

Köklerimiz Mirasımızdır

AİLE DİZİMİ TERAPİSİYLE GEÇMİŞTEN GELEN TRAVMALARDAN KURTULMAK

YAZAR HAKKINDA

İstanbul Bebekli bir ailenin ikinci oğlu olarak 1979'da İstanbul'da dünyaya geldi. Film setlerinde ve sinema salonlarında geçen çocukluğunun ardından ilk lisans eğitimini babasının mesleğinden esinlenerek sinema-TV dalında yaptı. İnsanları gözlemlemek ve onların hikâyelerine tanıklık etmek bir hobiden ziyade onun yaşam amacıydı. Kurguladığı portrelerin dramadan öteye geçmesi gerektiğini düşündü ve 2004 yılında "tesadüfen" tanıştığı Reiki ile hayatı değişti. Chakra, enerji, beden, ruh, kuantum gibi kavramlar çok dikkatini çekti ve zamanının tamamını araştırmalarına adadı. Bunun için sinemadan vazgeçti. "Başarısızlıklarımdan biridir" diye belirttiği sinema kariyeri için, bunun neden olduğunu daha sonra anlayacak ve aldığı bu eğitimin bambaşka bir alanda ona nasıl hizmet edeceğini görecekti.

Hindistan ve Nepal'de Yoga, Budizm, Tantra gibi felsefeleri yerinde inceledi ve eğitimlere katıldı. Kendinde olan İslam Tasavvufu bilgileriyle harmanladı. Bu sürede yakın çevresinin de dikkatini çekti ve dostları ona sorular sormaya, derin sohbetlere gelmeye başladı. Aile Dizimi'yle tanıştı ve soluğu Almanya'da, ileride Meister'i olacağı Hellinger ile çalıştı. Bu deneyimi bir arkadaşının teklifiyle seminerlerle insanlarla paylaşmaya başladı. İleride, kendi deyimiyle, "Bu meslek beni seçti, ben onu değil" diyecekti. Birkaç kişiyle başlayan serüven, artan merakı, araştırmalarıyla edindiği yeni tekniklerle ve danışanlarıyla koçluk mesleğinde ilerledi. Ondan beklenen şey bir gün gerçek oldu ve psikoloji alanında ikinci lisansını, klinik psikolojide yüksek lisansını tamamladı. Halen doktorasına devam eden Tuna Tüner, kurucusu olduğu Türkiye Yaşam Bilimleri Enstitüsü'nde çalışmalarına devam etmektedir.

DESTEK YAYINLARI: 1691
PSİKOLOJİ: 34
TUNA TÜNER / KÖKLERİMİZ MİRASIMIZDIR

İmtiyaz Sahibi: Destek Yapım Prodüksiyon Dış Tic. A.Ş.
Genel Yayın Yönetmeni: Ertürk Akşun
Üretim Koordinatörü: Semran Karaçayır
Editör: Özlem Küskü
Son Okuma: Devrim Yalkut
Kapak Tasarım: Sedat Gösterikli
Sayfa Düzeni: Melike Doğan

Destek Yayınları
1. 10. Baskı: Aralık 2022
11.-12. Baskı: Şubat 2023
13.-14. Baskı: Mayıs 2023
15.-16. Baskı: Ağustos 2023
17.-18. Baskı: Ekim 2023
19. Baskı: Haziran 2024
20. Baskı: Ağustos 2024
21.-22 Baskı: Eylül 2024
23.-24 Baskı: Kasım 2024

Yayıncı Sertifika No. 43196

ISBN 978-625-441-811-2

Abdi İpekçi Caddesi No. 31/5 Nişantaşı/İstanbul
Tel. (0) 212 252 22 42
Faks: (0) 212 252 22 43
www.destekdukkan.com
info@destekyayinlari.com
facebook.com/DestekYayinevi
twitter.com/destekyayinlari
instagram.com/destekyayinlari

İnkılap Kitabevi Yayın Sanayi ve
Ticaret Anonim Şirketi
Çobançeşme Mahallesi Sanayi Cad.
Altay Sk. No. 8 34196 Yenibosna/İstanbul
Tel. (0) 212 496 11 11 (Pbx)
Faks: (0) 212 496 11 12
Posta@İnkilap.com-İnkilap.com
Sertifika No. 44066

İÇİNDEKİLER

2. BÖLÜM

AİLE DİZİMLERİ İLE ÇALIŞMA YÖNTEMİ

3. BÖLÜM

AİLE SİSTEMLERİNİN ANAYASASI

4. BÖLÜM

SİSTEMİK KARGAŞA

5. BÖLÜM

AİLE DİZİMİ'NİN BİLGELİĞİ

6. BÖLÜM

ALMAK, İBRETLE BAŞLAR

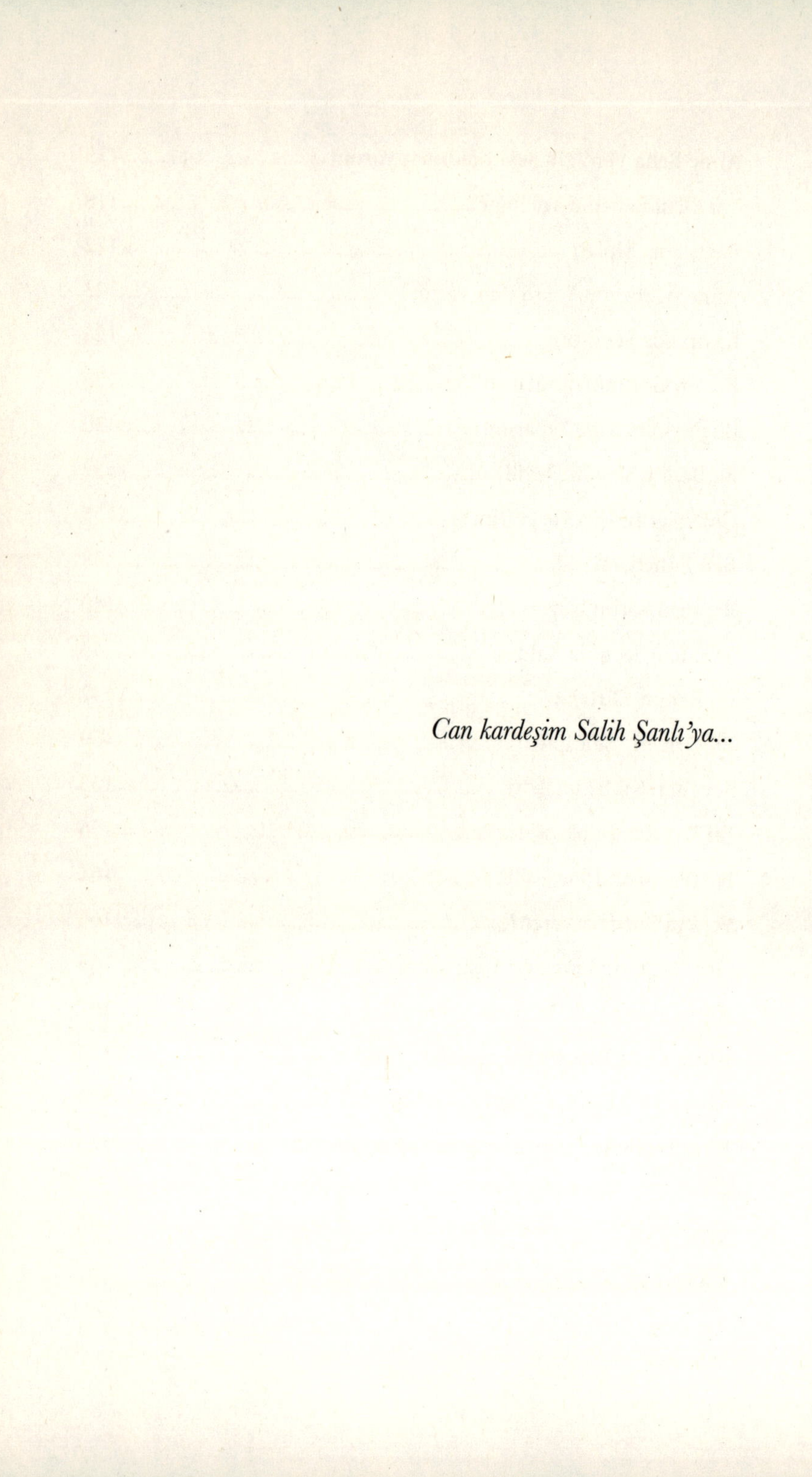

Can kardeşim Salih Şanlı'ya...

TEŞEKKÜR

Yayıncım Yelda Cumalıoğlu ve editörüm Özlem Küskü başta olmak üzere tüm Destek ailesine,

Aile Dizimi uygulamalarımın ilk gününden itibaren bana ve tekniğe güvenen ve aile hikâyelerini hepimiz için cesurca ortaya koyan binlerce danışanıma,

Varlıklarını her zaman yanımda hissettiğim can dostlarım Dr. Rauf Özgür ve Dr. Pınar Yazır Özgür'e,

Plansız da olsa dünyaya gelişimle birlikte beni kabul eden, büyüten ve ellerindekinin en iyisini vermeye çalışan babam ve anneme,

Ve de kendimi iyileştirme yolculuğuna ihtiyaç duymam için yaşadığım tüm olumsuz deneyimlere, bu deneyimlerde rol alan ruhlara teşekkür ederim.

İyi ki varsınız!...

ÖNSÖZ

İnsan ve hayvanların davranış ve düşüncelerini araştırmak anlamında kullanılan "Psikoloji" kelimesi ilk olarak 15. yüzyılın sonlarında literatüre girdi. Bir bilim dalı olması 1900'lü yılları buldu. İlk zamanlar, felsefeden ayrılmasıyla birlikte insan, ruh ve davranışlarla ilgili deney ve araştırmalarla geçti. Zaman içinde birçok akım, ekol ve teori üretildi. Bu anlamda baktığımızda psikoloji, en yeni bilim dallarından biridir. Halen dünyanın her yerinden binlerce araştırmacı ruhbilim alanında çalışmalarına devam ediyor ve biz her geçen gün insan ve yaşamına dair yeni şeyler öğrenmeye devam ediyoruz.

Tüm bu yaklaşımlara baktığımızda büyük bir çoğunluğun bireyi doğumundan itibaren incelediğini görüyoruz. İnsanı anlamak için psikoseksüel dönemlere böldük, bilinç evrelerini kullandık, travmalarını inceledik, rüyalarına odaklandık, cinsel enerjisini inceledik.

Aile Dizimi (Family Constellation) terimi ilk olarak Adler tarafından aile sistemindeki her üyenin nişini (görevini) tanımlayan bir yapı olarak kullanılmıştır. Adler, aile takımyıldızının ebeveynlerden, çocuklardan ve geniş aile üyelerinden oluştuğunu belirtmiştir. Almanca "Familien Aufstellung" adıyla Almanya'da ortaya çıkmış olan "Aile Dizimi Terapisi (Family Constellation Therapy)" ise, ailenin nesiller boyunca, birbirlerine görünmez bir bağ ile bağlı olduğu anlayışına dayanmaktadır. Aile bir bütün olarak bir ruha sahiptir.

Aile terapisi, birkaç nesli kapsayabilecek tüm aile ile çalışmak olarak kabul edilir. Ailenin etkisi ve karşılıklı ilişkiler göz önüne alındığında bireysel terapi de bu konsepte dahil edilmektedir. Tüm bu yöntemler, ortak olarak sistemik bir bakış açısını paylaşmaktadır. Böylece danışanlar artık bireyler olarak değil, bir bağlam içindeki bileşenler olarak görülmektedir. Sistemik görüş, bireyin bu bağlamda yerleşik olduğunu ve bu bağlamın kurallarına tabi olduğunu vurgular. Kişinin eylemleri ve davranışları, duygusal bozuklukları ve psikosomatik hastalıkları artık kesin olarak biyografileri temelinde değil, birey ve sistem arasındaki sürekli etkileşimin sonucu olarak açıklanmaktadır.

1990'lı yıllardaysa ilk defa Alman psikoterapist Bert Hellinger, alana bireylerin yaşadıkları bazı sorunların içine doğdukları aile/sistem temelli olabileceğini sundu ve "vicdan" kavramını bambaşka bir yerden ele aldı. Bireyi tek başına değil, oluştuğu sistemi de dahil ederek anlamaya çalıştı. Bana göre psikoloji dünyasına büyük bir katkı sundu. Bu fenomenolojik yaklaşımı zaman içinde ses getirdi ve tartışmalara da yol açtı. Tekniğin ölçülmesi zor bir metot olması, uygulamalardaki ve sonuçlardaki farklılıklar nedeniyle psikoloji ve psikiyatri dallarının bilim insanlarının içlerine sinmesi zaman aldı. Halen daha büyük oranda itirazların olduğunu bilmemize rağmen, Avrupa'nın birçok kentinde yetkili psikoterapistlerin uygulamaları sağlık sigortası kapsamında değerlendirilmektedir.

Bununla birlikte bilimin daima geriden geldiğini de bilmemiz gerekiyor. Örneğin bir gezegen olarak Dünya hep "yuvarlaktı" ancak fikri ilk olarak MÖ 500'lü yıllarda Pisagor ortaya attı, kanıtlanmasıysa Magellan sayesinde 1519'da oldu! Aile Dizimi'ne göre atalarımızın yaşadıklarından bize aktarılan kaderler belki ilk günden beri var ancak epigenetik araştırmalar teknolojik gelişmelerle birlikte daha yeni yeni bunu kanıtlamaya başladılar...

Bilim harıl harıl çalışmaya devam etsin, asıl önemli olan hepimizin hayatta mutlu olmak istemesi, kendimizi, varlığımızı kolaylıkla ifade etmek, derin ilişkiler kurabilmek, insanların önünde rahatça konuşabilmek, sevmek, sevilmek, bolluk ve berekete ulaşmak istemesi. O halde gelin biz buna içine doğduğumuz aileden başlayalım. Bizi dünyaya getiren ebeveynimizin nasıl bir araya geldiklerini, öncesinde ve sonrasında neler yaşadıklarını ve bunları nasıl atlattıklarını anlamaya çalışarak başlayalım. Öyle ya hasta dalların iyileşmesi için önce ağacın köküne bakım verilmelidir.

Bu kitabı 15 yıllık Aile Dizimi Uygulayıcılığı tecrübemle yazdım. Bilhassa son yıllarda artan ilgiye mukabil, tekniğin doğru ve kolay anlaşılması önemli bir ihtiyaç haline geldi. Elimden geldiği kadar kolay anlaşılması için dikkat ettim. Adeta sır gibi saklanan kurallarını, tekniğin inceliklerini cömertçe paylaşmaya gayret ettim. Gerek okuyucusuna gerekse de alanda çalışan ya da çalışmaya istekli olanlara rehber olmasını istedim. Ayrıca ülkemizin çeşitli yerlerinde her gün onlarca çalışma yapılıyor. Bilen bilmeyen herkes hevesle uygulama yapıyor. Bir katılımcı olarak nelere dikkat etmeniz ve uygulayıcıdan ve çalışmadan neler beklemeniz gerektiğini anlatmaya çalıştım. Böylelikle doğru bir kaynak olarak herkese hizmet etmesini, çalışmaya katılmadan evvel kendinizi hazırlamanızı önemsedim.

Tekniğin kendisinin oldukça karmaşık ve "tuhaf" olmasına rağmen ana hatlarıyla hangi konularda, kimler, nasıl istifade edebilir göstermeye çalıştım. Gerçek vakalardan süzdüğüm örneklemelerle kendinizden, ailenizden çok şey bulacağınıza ve daha iyi olma yolunda size rehber teşkil edeceğine inanıyorum.

Aile Dizimi görünene bakıp görünmeyeni anlama sanatıdır.

1. BÖLÜM

AİLE SİSTEMLERİ TERAPİSİ

Sistemin İçine Doğuş

Aile Dizimi konusunu ele alırken değinmemiz gereken kimi önemli kavramlarla işe başlamamız gerekir. Aile Dizimi, deneyimle gerçekleştirilen ve bireyi tek başına değil bir sistem içinde ele alan bir terapi metodudur.

İnsan bir sistemin içinde doğar ve aile her birey için temeldir.

Biz daha doğmadan önce anne babamız bir araya gelirler, biz doğduktan sonra artık aile kurulmuştur. Ölüm, boşanma gibi durumlardan dolayı doğduğumuz sistem tam bir aile olamayacağı gibi zamanla eksilebilir de.

Her sistem, kendinden önceki sistemlerden oluşur. Nasıl ki XX ve XY kromozomlarıyla anne ve babamız bir araya geldiğinde biz dünyaya geliyorsak, onların da bir zamanlar birilerinin çocukları olduğunu unutmamamız gerekir. Annem de bir zamanlar kendi ailesinde çocuktu ve kendine has bir yeri vardı. Babam da bir zamanlar bir çocuktu ve yine kendine has bir yeri vardı. Bir çocuk olarak, o aileye doğmuştu, bir birey olarak onun da ayrı bir kaderi vardı ve kendi ailesinden etkiler alıyordu. Keza annem de kendi ailesinden birtakım kaderler alıyordu. İki insan bir araya geldiklerinde kendi ailelerinden, kendi sistemlerinden, kendi kaderlerinden beceriler ve yüklerle bir araya gelirler. Dolayısıyla burada oluşan şeye biz *aile sistemi* deriz.

Burada meseleyi daha iyi kavramak için parça-bütün ilişkisine bakmamız gerekir. Genellikle tasarım dünyasında kullanılan bir söz vardır, ben çok severim, "Bir bütün kendisini oluşturan parçaların toplamından fazladır" der. Öyle ya herkesin çok seveceği bir spor otomobil düşünelim. Bütün parçalarını sökelim ve o parçalara bakalım. Bir şey ifade eder mi bize? Elbette etmeyecektir. Ama tüm parçaları doğru sıralamayla, doğru şekilde bir araya getirdiğimizde hepimizin ağzının suyunun aktığı bir otomobil meydana gelir. İnsanı anlamak için de parça-bütün ilişkisini anlamak gerekir. Zira insan parçalardan oluşan bir yapıdır.

Hep verdiğim bir örnek var. 10 kiloluk bir ağırlık kaldırmanız gerektiğini düşünelim. Bunu tek elinizle kaldırmanız çoğunlukla mümkündür. Hatta siz belki spor salonuna giden, pilates yapan, yoga yapan sağlıklı yaşayan da bir kişisinizdir. Belki sıradan bir insana göre o 10 kiloyu çok daha kolay kaldırıyor da olabilirsiniz. Şimdi hastalandığınızı düşünün, grip oldunuz ya da ağır bir Covid geçiriyorsunuz. Aynı ağırlığı kaldıramazsınız, bazen insanın mecali olmaz. Yeri gelir, insan hasta olduğunda kendini tuvalete götürmekte bile güçlük çeker. Yani bütün hastaysa, parça gücünü ortaya koyamaz. Kol aynı kol, beden aynı beden, kaslar ve kemikler aynı. Ancak hastalık sistemi güçsüzleştirdiğinden normalde yaptığınız ve yine yapmanız muhtemel bir şeyi yapamaz hale gelirsiniz.

Aile sistemlerindeki sorunlar da tıpkı bedenin hastayken güçten düşmesi gibidir, sistemde birtakım engeller yaratırlar. Eğer aile sisteminde bolluk bereketle ilgili bir sorun varsa, siz çok iyi bir üniversiteyi çok iyi bir dereceyle bitirseniz, üzerine daha da iyi bir yerde yüksek lisans yapsanız dahi para kazanmada ya da kariyerde güçlük çekebilirsiniz. Aynı durum kadın-erkek ilişkileriyle ilgili bir kader, kalıtımsal birtakım aktarımlar için de geçerlidir. Bunlar insanın karşısına yaşamsal problemler olarak gelirler ve insan bunları çözmekle bir şekilde mükelleftir. Aksi halde var olmaya ve her geçen gün de yaşamı zorlaştırmaya devam edeceklerdir.

Şimdi basit bir yaklaşımla "Bunda benim günahım ne?" diyebiliriz. "Yani dedemin işlediği bir suçu ya da babaannemin bir tavrının suçunu niye ben üstleniyorum?" Meseleye böyle bakarsak bunu asla çözemeyiz.

Aile Dizimi'ni anlayabilmek için ruhsal derinlik ve yetişkin bakış açısı gereklidir.

Ruhun Tekâmülü

Aslında her sistem birbiriyle ilintilidir. Nasıl ki yağmur yağdığı zaman hepimiz ıslanırız, güneşe hepimiz maruz kalırız, sistemlerde bir olay meydana geldiğinde, bu durum ona bağlı bütün parçaları ortak bir şekilde etkiler. Tıpkı birbiri üzerine devrilen domino taşları gibi düşünün bunu ya da bir bilardo masasında harekete geçen bir topun masadaki diğer toplara değmesi gibi... Bazıları biraz daha fazla etki alır, bazıları daha az etki alır. Siz korunaklısınızdır, şemsiyeniz vardır yağmurdan daha az etki alırsınız. Ama bir başkasının korunağı yoktur, şemsiyesi yoktur. Dolayısıyla o sırılsıklam kalır. Belki de üşütür ve hasta olur. Peki bu kişi neden hasta oldu, yağmurdan mı? Hayır şemsiyesizlikten! Sonuç olarak bizler hayata maruz kalırız.

Kendi seçimimizle bu hayata gelmedik. *Geworfenheit* der o ünlü felsefeci Heidegger, "hayata fırlatılmışlık" olarak addeder bunu. Biz bir manada hayata fırlatılmış varlıklarız. Hepimiz bu hayata maruz kalırız. Maruz kaldığımız için de hayatımız boyunca aslında bu hayatı anlamaya, sorunlarımızı çözmeye ve kendimizce mutlu olmaya gayret ederiz. Bunu ben biraz sinemayla ilişkilendiririm.

Hadi düşünelim, biz bir filme neden gideriz? Bir konusu olduğu için elbette. Senaryo yazım tekniği vardır Hollywood'da, eskiden bu formüle daha çok sadık kalırlardı, şimdilerde bu model biraz esnese de bunu bir endüstriyel standart olarak görebiliriz. İlk dakikalarda açılış sekansı dediğimiz bölüm yer alır, izleyiciye o filmin geçtiği dünya tanıtılır. Biz karakterleri, hayatı, kültürü o açılış sekansı üzerinden izlemeye hazırlanırız yani bir anlamda kendimizi açarız, birazdan izleyeceğimiz hikâyenin geçtiği dünyaya uyumlu hale geliriz. Çünkü kendi içimizde birtakım şeyler uyanmalı ki biraz sonra karakterlerin başına gelecek şeylerde taraf tutabilelim, hikâyeyi yorumlayabilelim.

Filmin 20-25. dakikasında bir *conflict* yani bir çatışma olur. Örneğin adamın karısı 20-25. dakikada kaçırılır ve bütün film boyunca adam amansız bir mücadeleye girişir. Gömdüğü silahları mahzenden çıkarır ve karısını kurtarmak için kötü adamların peşine düşer.

Biz de hayatı iki bölüm olarak düşünebiliriz. Birinci bölüm bebeklik ve çocukluk çağımızdır. Emekleme, beslenme, tuvalet alışkanlığı, yeme içme gibi yaşamsal şeyleri öğreniriz, ergenlikle beraber artık hayatta daha etkin bir rol oynamaya başlayıp, hayatın zorluklarına maruz kalırız. Bir yerden sonra artık kendi sorunlarımızı kendimiz çözmemiz gerekir ve çözmemiz için temelde bizim de bir çatışmamız vardır. Ya içine doğduğumuz aile sistemiyle ya da içinde bulunduğumuz çevreyle alakalı birtakım sorunlarla çatışmaya başlarız. Kabuğuna dar gelen bir ıstakozun onun içinden çıkmaya çalışması gibi, biz de içine doğduğumuz aileden, kültürden, sistemden çıkış yolu ararız. Aslında hayatın lezzeti de biraz buradan gelir.

Düşünsenize, hiçbir sorunun olmadığı bir hayat yaratıcılığını asla harekete geçirmeyecektir bir insanın. Birçok icat bir ihtiyaca yönelik, bir zorluğa yönelik olarak keşfedilmiştir. Ortada bir zorluk vardır, yani bir problem ve ihtiyaç vardır, sonra icat gelir. Örneğin tekerlek gibi. Tekerleğin icadı insanın çok daha uzun mesafelere daha kolay gitmesine olanak sağlamıştır. Tekâmül dediğimiz şey de insanın acıyla baş etmesiyle başlar.

Önce acı çeker insan, sonra baş etme yöntemleri geliştirmeye başlar. Her kim ki acısını görmeye, tanımlamaya başlar ve bununla önce kendince mücadele etmeye soyunur işte ruh o zaman derinleşme macerası için yola koyulur. Bizim de bu hayattan zevk almamız için tıpkı o sinema salonunda koltuğa kurulup filme dalmamız gibi, bize de bir konu gerekir.

Tekâmül, insanın acıyla baş etmesiyle başlar.

Tekâmül kaynakları çeşitlidir, hepimizin temel birtakım ana sorunları vardır, merkezde aileden gelen sorun, ondan sonra da çevreden edindiğimiz daha küçük sorunlarımız bulunur. Biz bir şekilde bunlarla mücadele ederek hayatı öğreniriz aslında. Örneğin iflas etmiş bir dedenin birinci erkek çocuğu babamsa ve o da iflas etmişse, bu adamın ilk erkek çocuğu olarak büyük ihtimal benim de iflas deneyimlemem gerekecektir. Çünkü biz görünmez bağlarla birbirimize bağlıyızdır. Sistem böyle işler.

Bazılarınız *yaşam çiçeği* sembolünü bilir. Bilmeyenler de hemen arama motorunda hızlı bir araştırma yapabilirler. Orada da görebileceğiniz gibi yaşam çiçeği, iç içe geçmiş eşit alana sahip çok sayıda daire ve en dışta hepsini kapsayan büyük bir daireden oluşan geometrik bir semboldür. Dairelerin oluşturduğu desen, çiçeklerin mükemmel ve simetrik görüntülerini oluşturur. Bu sembol varlığımızı, dünyadaki yaşamı ve evrenin oluşumunu yani kısaca tüm yaratılış döngüsünü temsil etmektedir. Bazıları için bu, Tanrı'nın yaşamı 7 günde yaratışını sembolize eder. Kuantum mekaniğine özgü bir kural olan dolanıklılık ilkesine de göz kırpar. Ezcümle hepimiz bir şekilde birbirimize bağlıyızdır.

Ben böylelikle -aslında istem dışı o iflasa kendimi sürükleyerek- babama ve dedeme olan sadakatimi gösteririm. Ruhun sadakati gösterme biçimi biraz böyledir. "Ben de sizin gibiyim" der ve bu yoğun bir huzur verir ruha. Halbuki entelektüel olarak baktığımızda yani rasyonel anlamda bu ne kadar saçmadır değil mi? Kim iflas etmek ister ki? Ama ruhsal sistemler çoğunlukla zihnimize baskın gelirler. O yüzden dünyanın en zeki insanı en mutlu insanı değildir. Zekâ bizim mutluluğumuzla ne yazık ki doğru orantılı değildir.

Mutluluğumuzu etkileyenler ruhumuzda olagelen birtakım hareketlerdir. Biz ruhumuzdan mutlu oluruz, kaynağımız ruhtur. Bunu da neşe ve mutluluğu ikiye ayırarak yaparız. Pek çok insan mutlu olmaya çalışır ama bu bir tuzaktır. Bazı insanlarsa elindekilerden münezzeh bir şekilde daha neşeli bir hayata karışır. Aslında biz neşeli bir hali arzularız hayatta. İhtiyacımız olan ve yürümemiz gereken yol neşedir ama biz genellikle -ne yazık ki- mutluluğun peşinden koşarız. Çünkü mutluluk hep sahip olmamız gereken bir durum olarak bize işaret edilir ve bunun peşinden koşmak yani mutluluk arayışına çıkmak bizi mutlu ediyormuş gibi hissettirir. Fakat derinde mutsuzluk, depresyona götürecek kadar bir başarısızlık hissiyle karşılaşma riskini de bize getirir.

Aile Dizimi, bize içine doğduğumuz ailenin, büyüyüp geliştiğimiz o yuvanın getirdiği kaderleri de görmemiz gerektiğini, orada yaşanılan şeylerin farkına varmamızı ve anlayış geliştirerek bunların yükünden arınmamızı tavsiye eder. Bunu yapabildiğimizde ise görünmez bir küfeyi sırtımızdan indiririz. Hayatta iki kanun vardır. Büyük ölçeklerde Newton'un hareket yasaları geçerlidir, maddi dünyada somut cisimler, nesneler bilyeler, toplar, her şey ölçülebilirdir ve görülebilen şeylerin hareketlerini, birbirleriyle olan ilişkilerini ölçeriz.

Ancak bir de atom-altı alanlar vardır. Kuantum dünyasına girdiğimizde bu kuvvetleri Newton yasalarıyla ölçemeyiz, yeni denklemlerle işe girişmek gerekir ve hala devam eden bir çabadır atom-altı dünyayı anlamak...

Hayatı iki farklı yasa grubu yönetir. Bu ruhsal düzlemde de çok farklı değildir. Bir manada insanın bilinci vardır, öyle ya insan batacağı işe yatırım yapmaz, mutsuz olacağı biriyle evlenmez, hayatı boyunca hiç mutlu olmayacağı bir meslek için dört yıl üniversitede okumaz. Ama bir yerde mutsuz olur.

Peki hiç sordunuz mu bunu kendinize, neden böyle yaşar insan?

Neden mutsuz olur ve boşanır?

Niye mesleğinin 10. yılında "Ben aslında bu mesleği yapmak istemiyorum, hiç sevmiyorum" der?

Buradaki sorun nedir? Neden yıllarca çabaladığımız şey bir anda anlamsızlaşır?

Burada meydana gelen şey bir çeşit uyumsuzluktur, dengenin tam anlamda sağlanmamasıdır. Sadece bilincimizle değil hem bilincimiz hem ruhumuzla el ele vererek, ortak bir şekilde ilerlememiz gerekir. Gözden kaçırdığımız nokta budur.

Hayatta yaşadığımız sorunlar bize ruhumuzun da arzularının, ihtiyaçlarının olduğunu hatırlatır. Bizlerse bunu görmekten kaçınırız, bakışlarımızı aslında gereksinimimiz olmayan şeylere çeviririz. Ama ruh kendini hep hatırlatır, biz onun sesini duymazdan gelsek de o hep oradadır...

Çatışma Neden Gereklidir?

Peki ne olur da çatışma meydana gelir?

Hellinger'in psikoterapi dünyasına kattığı en önemli değer vicdan meselesidir. O şöyle der: "Üç tür vicdan vardır. Biri aile ve toplum vicdanı, biri sistemik vicdan ve diğeri de ilahi vicdan. Vicdanlar arası bir ikilem olduğunda çatışma meydana gelir."

Bu yüksek basınçla alçak basıncın çatışıp, rüzgârı ya da diğer gökyüzü olaylarını oluşturması gibidir.

Aile Dizimleri'ndeki üç vicdan düzeyini şimdi biraz açalım.

Aile ve toplum vicdanı

Ailemize ait olmak için bir bedel öderiz, aile vicdanına bağlı kalırız. Ailemizin onayladığı grupları onaylar, ailemizin aşağıladığı grupları aşağılarız. Ailemizin dinini ve değerlerini takip ederiz. Meslekler genellikle aile içinde devam eder.

Peki bu bedeli neden öderiz?

Çünkü insan daima güvende hissetmeye ihtiyaç duyan bir varlıktır. Kalabalık gruplar da bize bu güveni verir. Bizi besleyen, koruyan, sakınan ilk grup da ailemizdir.

Toplumumuzdaki çeşitli gruplara da aitizdir; iş, kulüp, spor, kültür, siyaset ve benzerleri... Bu grupların her birinin kendi vicdanı olup, ait olmak için, bunlara uymak zorundayız. Ulusumuzun da vicdanı vardır ve ona aidiyetimiz ve kabul edişimizle veya ona isyan edişimizle (ve isyan eden gruba aidiyetimizle) orada tanımlanırız.

Vicdan ve aidiyet, dışlanma yaratır. Aidiyet, bizi bazı gruplar içinde tutarken, bazılarından da dışlanmamıza neden olur.

Hellinger, "Aşağılık/adi işler vicdan rahatlığı içinde gerçekleşir. Korkunç savaşlar, vicdan rahatlığı ile yapılır" derdi.

Sistemik vicdan

Sistemik vicdan bir enerji alanı, bir arada tutan bir düzendir. Kuralları, nesiller boyunca ailelerdeki ilişkilere hükmeder. Doğası ise, en derin ve en kişisel olmayan sevgi, onur ve saygıdır. Hem kişisel değildir hem de kişilik ötesidir. Bireysel düzeyde müzakere edilemez. Nesiller boyunca ailemizin ıstırap çekmesiyle sonuçlanacak şekilde, öldürürüz, çalarız, yalan söyleriz ve kendi sorumluluğumuzla zina ederiz. Ebeveynlerimizi onurlandırmadıkça, hayatımızda, ilişkilerde, başarıda, sağlıkta her şekilde zarardayız; çünkü nesiller boyunca atalarımızın enerji alanı üzerinden bize gelen desteği kendimizden mahrum ederiz. Büyük bir ağacın en önemli köklerini alıp çıkarmak gibi, böyle bir ağaç ayakta duramaz; yaşayamaz ve serpilip gelişemez. Bu kurallara uyulmadığında, bir bedel belirlenir ve bizimle birlikte gelecek nesiller de bedelini öder.

Hellinger, sistemik vicdanı "suçluluk ve masumiyet duygularının ötesinde, sevgiye hizmet eden, iyi ile kötünün bilgi yolu" olarak tanımlardı.

İlahi vicdan

İlahi vicdan, sistemik vicdanın evrensel düzeyidir. Bizi, büyük bütüne derinlemesine yönlendiren manevi yoldur. Bu vicdana hizmet ettiğimizde, onun değerlerini ailemizin vicdanından üstün tutar ve aidiyetimizi kurban ederek, kestiği bedeli öderiz. Hatta gerekirse, dinimize ve kültüre aidiyetimizi bu yüksek çağrıya kurban ederiz. Rahipleri, keşişleri ve benzerlerini düşünün, ailelerinden ve hatta yurtlarından çok uzaktadırlar, kimliklerini belirleyen her şeyden vazgeçmişlerdir.

Gelin biraz daha derinleşelim. Biz bir ailenin içine doğarız demiştik. Bebek, anne karnındayken *biz* bilincindedir. Kendini anneden ayrı hissetmez, onun bir parçasıdır. Kendini annenin biz uzvu, devamı gibi hisseder. Sonra doğar, doğduğunda da ilk defa anneyi görür. Etrafında tanımadığı, bilmediği bir dünya vardır. Bilmediği insanlar vardır. Annenin karanlık, sıcak, yumuşak ve ıssız habitatından, bir anda kuru, aydınlık ve kalabalık bir dünyaya giriş yapar. Bu *sen* aşamasıdır. Dolayısıyla birçok psikolojik düşünceye göre doğum başlı başına bir travmadır. Freud'un öğrencilerinden Otto Rank, *Doğum Travması* adlı kitabında anne karnında geçen rahat bir dönemin ardından, çaba ve mücadele gerektirecek doğum sonrası duruma geçişin, her insanın sonraki yaşamında var olacak bir kaygıya neden olduğunu ileri sürer.

Çocuğun *ben* demesi üçüncü sıradadır. Yani insanın ben diyebilmesi üçüncü sırada gelir ve bu birtakım belli aşamalardan geçtikten sonra olur. Freud bunu psikoseksüel gelişim teorisinde şöyle açıklar:

0-1 yaş oral dönemde bebek her şeyi ağzıyla anlar. Dikkat edin 1 yaşına kadar bebek her şeyi ağzına atar, ağzıyla tanımlamaya çalışır dünyayı. 1-3 yaş aralığı anal dönemdir. Yani pelvis ve etrafındaki kasların gelişmesiyle çocuğun yürüme dürtüsü başlar. Yürümeye başlayınca ilk defa çişini, kakasını yani anüsünü hisseder. Ve enteresandır ki çocuk ilk defa "ben"i böyle anlar. Yani "ben" bizim biraz da genital organlarımızla ve anüsümüzle hissettiğimiz bir şeydir ve zaman alır.

Çocuk, korunmasız bir alanda olduğunu hisseder, sürekli güvene ihtiyacı vardır. Çünkü biraz evvel bahsettiğim gibi annenin güvenli karnından, güvensiz bilmediği bir dünyaya doğmuştur. Bizi şimdi, bu yetişkin halimizle uzaylılar kaçırsa biz de kendimizi oldukça güvensiz hissederiz orada. Dolayısıyla insan yavrusunun aradığı şey birinci olarak güven duygusudur.

Anne, bebekle ilgilenirken, sütünden verirken, ona bakımını sunarken, bebek anne ile öyle sembiyotik bir bağ kurar ki ilk başta vücut sıcaklığını ve nefes alışını ayarlamasında dahi temas ettiği annenin bedeninden referans alır. Burada annenin kaygılarını, korkularını, endişelerini ya da güvenlik duygusunu da yavaş yavaş hissetmeye başlar. Velhasıl içine doğduğumuz ailede büyürken doğal olarak bizim için en güvenli insan başta annemiz olmak üzere babamız, kardeşimiz ve çevremizde gördüğümüz diğer insanlardır. Biz bu insanların söylediği her şeyi hiçbir filtreden geçirmeden doğrudan alırız. Ve bu ailede bize ilk defa kişisel olarak bir vicdan öğretilmeye başlanır.

Bu ailede yemek nasıl yenir? Pilav nasıl yapılır? Paraya ne gözle bakılır? Kadın-erkek ilişkileri nasıldır? Bu aile Alevi, Türk, Kürt, Sünni mi? Hangi takımı tutar, Galatasaray mı yoksa Fener mi? Tüm bunların yokluğu, azlığı, fazlalığı nasıl ifade ediliyorsa, çocuğun vicdanında da öyle bir yer etmeye başlar. Çocuk büyümeye, hayatı kendi gözlemleri ve kendi deneyimleriyle anlamaya başladıkça ailesinin ona öğrettikleriyle, onun kendi vicdanında başka şeylerin olduğunu fark eder.

İşte iç çatışma burada başlar.

Örneğin baba çok cimri biridir ama çocuk hayatta bolluk gözlemlemeye başlar. Bu sefer ilk defa başkasının babasının cömertliğini gördüğünde kendi babası ona cimri gelmeye başlar ve babayla tartışmaya başlar. Başkasının annesi daha özgürlükçüdür, çocuğunu daha özgür büyütüyordur. Bu sefer anne çok daha kısıtlayıcı gelmeye başlar ve anneyle atışmaya başlar.

İşte bu çatışmalar çocuğun kendini tanıma biçimidir. Öğretmenlerimiz ve ailemiz bize önce iyi ve kötüyü gösterir, iyi ve kötüyü öğretir. Biz büyüdükçe ergenlik dönemine geldiğimizdeyse iyi ve kötünün yanına doğru ve yanlış da eklenir ve yetişkinliğe geçişi bir çocuğun aslında iyi ve kötü, doğru ve yanlış çatışmasını da yine kendi içinde belirleyecektir.

Çocuklar iyiyi, yetişkinlerse doğruyu seçerler.

Bizler biliyoruz ki doğruyla iyi çatıştığında iyiyi seçenler çocukluk bilincinde, doğruyu seçenlerse yetişkin bilincinde insanlardır. Şu an toplumumuzda birçok insanın acı çekmesinin altında yatan temel sebep yetişkin çocuk bilinciyle yaşıyor olması ve hâlâ iyiyi görerek, iyiyi yapmaya çalışmasıdır. Bunu açmak gerekirse, örneğin trafik ışıklarında durduğunuzda camınızı silen bir kişiye vereceğiniz 5 lira sizi batırmaz. Ona o 5 lirayı vermek iyi bir şeydir ama yanlıştır. Çünkü siz o 5 lirayı verdikçe, sizin gibi insanlar o 5 liraları verdikçe, o insan bir iş aramaktansa kendini ve sizi tehlikeye atacak şekilde trafik lambalarında sigortasız ve kaçak bir şekilde uygunsuz ortamlarda çalışmaya devam edecektir.

Dolayısıyla mesele sadece iyiyi görmek değildir, mesele doğruyu da görmektir.

Benim Hikâyem

İlkokuldayken annem benim doktor olmamı isterdi. Tıp doktoru. Şimdilerde var mı bilmiyorum ama bizim zamanımızda sınıf kolları vardı, ben de kendi isteğimle sağlık koluna geçtim ve sağlık kolu başkanı seçildim.

Sınıfımızda bir ecza dolabımız vardı, 2 tentürdiyot 1 tane de sargı bezinden sorumluydum. Bu bile başlı başına yeterdi benim için ve okulda adeta başhekim gibi gezerdim. Teneffüslerde "Bana ihtiyacı olan var mı?" diye dolanırdım okul koridorlarında.

O yıllarda çevirmeli telefonlara sahiptik, 87-88 yıllarından söz ediyorum Bizimki yeşil renkliydi. Annem bir gün telefonla konuşuyordu. Evimizde Amerikan bar tarzında bir masa vardı, telefon orada dururdu. Ben de o barın hemen altında ilaç kutularıyla oynardım. Onlardan bir dünya kurmuştum kendime, evler yapardım, hastane, ambulans yapardım. Annem o gün tahminimce halamla konuşuyordu, halam anneme tanıdığı iyi bir dahiliyeci olup olmadığını sordu. Annem de cevap veriyordu, şu doktor var, ama ondan daha iyisi olan falanca doktor da var gibi cümleler sıralıyordu. O anda bir çeşit travma yaşadım ama annem bunu fark etmedi. Öyle ya halam anneme telefon açıyordu ve iyi bir iç hastalıkları uzmanı soruyordu. Bu benim çocuk yüreğimde, çocuk vicdanımda ne demekti? Eyvah! Kötü doktor da mı var? Nasıl olabilirdi ki kötü doktorun olabildiği bir dünya? Bu nasıl bir dünyaydı?

Bu benim çocuk bilincimle yaşadığım bir çatışmaydı.

Çatışma, sebebi sizin inandığınız ya da beklediğinizden farklı bir şey oluştuğunda sizde oluşan zorlantıdır. Başımıza gelen ya da gözlemlediğimiz ya da deneyimlediğimiz herhangi bir olayı anlamlandıramama halineyse travma denir. Yani travma anlam arar. Buraya travma bölümünde tekrar geleceğiz.

Kendi kabul ettiğimiz, normal dünyamızdan farklı bir gerçekliğin de olabilmesi çatışma sebebidir. İnsan bu çatışmayla sorgulamaya başlar, ben buna hayatta bilgeleşmek, büyümek, yetişkinleşmek derim. Kendimizce bu çatışmayı, bir anlamda travmayı anlamlandırmak için kendi cevaplarımızı aramaya koyuluruz. Ergenlik dönemindeysek şayet ilk cevaplarımız da biraz acemice olur, öyle ya hayatı okuyabilecek deneyim zenginliğimiz henüz yoktur, donanımımız henüz o denli gelişmemiştir. Ancak ilerleyen yaşlarda daha kaliteli cevaplar buluruz.

Şu an toplumumuzda en büyük sıkıntılardan bir tanesi, yetişkin çoğunluğun çocukluğunda öğretilen her şeye sıkı sıkı bağlı olmaları ve asla hiçbir şeyi sorgulamamalarıdır. Düşünmek yerine inanmayı seçmeleridir. İnanmak kandırılmayı göze almaktır. İnanmak aldanmayı göze almaktır. O yüzden "Aldandık!" diyen koca koca insanlar çıkar, "Bizi aldattılar!" derler. Oysa onlar sorgulamadan inanmışlardır. Birtakım saadet zincirleri, inşaat projeleri, siyasi partiler, sanal yatırım araçları yani kolay yoldan zengin olma fikri belirdiğinde sorgulama yok denecek kadar azdır. Araştırma cılız yapılır ve söz konusu şirketler müşterileri kolaylıkla kandırırlar. Üstelik aynı şirket sahibi üst üste yıllar içinde defaatle dolandırıcılık yapar, artık aklınıza kim gelirse...

İnsanın inançla ilerlemesi bir güvenlik arayışıdır. Alıştığı ve ihtiyaç duyduğu yoğun güvenlikten dışarı çıkmamak için ona öğretilen her şeyi körü körüne izah etmeye, öyle yaşamaya çalışır. Halbuki büyümek güvensizliği, yani kaosu ister. Hayatında 100 ülke gezmiş biriyle, köyünden çıkmamış bir insanın hayat görüşünü ve yaşamsal becerilerini bir tutamayız. İnanma becerisinin insanın en önemli güç kaynaklarından biri olmasına rağmen yanlış yerde yanlış şey için kullanılması faydadan çok zarar getirir. Bir hikâye anlatmak isterim size.

Günün birinde bir kilisede yangın çıkmış. Papaz yangını kendi imkânlarıyla söndürmeye çalışmış. Öyle bir hayal kırıklığı içindeymiş ki itfaiyeye haber bile vermemiş. Çevrede dumanları görenler onun yerine telefon açmışlar ve ekipler kısa sürede ulaşmışlar. Ancak papaz onları içeri almamış. Alevler iyice artınca bir üst kata çıkmış ve kendince söndürmeye çalışmaya devam etmiş. Ekipler onu almaya çalışmış ama o reddetmiş. Artık kaçacak başka yer kalmayınca çatıya çıkmış. İtfaiye uzun merdiveniyle yolladığı personeliyle onu almaya çalışmış ama nafile. Velhasıl papaz ölmüş ve Tanrı'nın huzuruna çıkmış. Kaşları çatık. "Ben ömrümü sana adadım, evlenmedim bile" demiş. "Sen kendi evinde çıkan yangını söndürmeme yardım bile etmedin." Tanrı cevap vermiş: "Ben sana üç kere itfaiyeci gönderdim!"

İşlememiz Gereken İlk Suç

Kendi vicdanımızla aile-toplum vicdanının çatışmasına tekrar dönelim ve suç kavramına değinelim. Çocuk daima masum kalmak ister. Dolayısıyla sürekli masumiyet arayışı bir yetişkine göre değildir. Bir yetişkin her şeyde masumiyet arıyorsa bilin ki çocuk bilincindedir. Çünkü yetişkinlik ve büyüme "suç işlemeyi" gerektirir. İlk suç anne ve babanın kuralına karşı gelmektir. Anne ve babaya hayır diyebildikçe kişi "suç işler" ve bu "suç" onu büyütür.

Bizim toplumumuzda da çocuğun büyümesi ve evden gitmesi adeta yasaklandığı için anne ve babasına, öğretmenine asla suç işlememesi gerektiği çok sert cezalarla belirlenir ve engellenir. Dolayısıyla anneye, babaya, öğretmene hayır diyemeyen çocuk bir yerden sonra artık kendilik inşasını ve özgürlük arayışını bırakır. Kendi olma arayışını durdurur. Bugüne kadar onların verdikleriyle onların istediği gibi bir insan olmaya çalışır. İçinde ve ruhunda sıkışma başlar. "Ne istediniz de vermedim?" var ya hani. Cumaya gider, kurbanını keser, milli maçını izler, bayrağını evine asar, işyerine karınca duasıyla girer, ama hâlâ daha bir şeyler eksiktir. Baktığında o eksik olan şey işte özgürlüktür. Bir çeşit otomatik pilotta seyretmenin zevksizliği de diyebiliriz.

Halbuki her ruh özgür olmak ister. Bir yerden sonra insanın özgürlüğü yasaklanınca da öfke başlar. Bunu kendine yansıtamayacağı için kendisinden farklı düşünen herkese saldırır. Bu sokak röportajlarındaki yaşlı amcaların "Ben geçinebiliyorum, siz nasıl geçinemiyorsunuz?" demesi gibidir. Benim nitelikli peynir yemek istiyor olmam, benim plaktan müzik dinlemek istiyor olmam, benim yılda 1 kere yurtiçi 1 kere yurtdışı seyahate gitmek istiyor olmam onun hayal dünyasına çok uzaktır. Haset ederek sizi alıştığı yöntem olan öfkeyle bastırmaya çalışır. Ben vazgeçtim arzularımdan, hayallerimden der adeta, siz de kim oluyorsunuz!

Kıskançlıkla hasedi burada ayrıştırmak gerekir. Kıskançlık, "Onda var bende de olsun"dur, haset ise "Bende yok, onda da olmasın"dır. İnsanı anlamamız için en gerekli duygulardan bir tanesidir bu. Haset duygusuna baktığınızda insanı, insan yavrusunu anlayabilirsiniz.

Peki, bir insan suç işlediğinde ruhu huzur bulur mu? Suç işlemek huzuru getirir mi?

Suç işlemek çoğumuz için en korkunç şeydir. Bir zamanlar televizyonda haberlerde sıklıkla görürdük, Adana Adliyesi'nin önünde, yerel gazeteciler suçlularla röportaj yapardı. Adam karısını vurmuş, mikrofonu uzatıyorlar, "Nasıl öldürdünüz? Pişman mısınız?" diye soruyor muhabirler. Adam gayet mağrur bir şekilde "Namusum için yaptım. Yine olsa yine yaparım" diyor. Suçu hissederek aslında iyi hissediyor.

Peki bu adam niye böyle düşünüyor?

Çünkü onun içine doğduğu toplumda namus çok önemli bir yer teşkil ediyor. İşte bu adam kahvede otururken bir adam geliyor diyor ki: "Ya Mehmet Abi, bizim elektrikçi Cemal de sizin evden çıkmıyor." Erkeğin en büyük düşmanı erkekliktir derim hep, ondan sonra bu adam gidiyor, sorgusuz sualsiz karısını önce darp ediyor sonraysa öldürüyor ve bunu diğer erkek arkadaşları için, vicdanını rahatlatmak için yapıyor. İşte Aile Dizimi burada devreye giriyor. Kolektif vicdanla kişisel vicdan çatışıyor.

Kolektif vicdanda insan öldürmek yasaktır, suçtur. Burada bir kader oluşur artık. Bu adamın ve bu kadının ilintili olduğu herkes yani çocukları bu kaderi sonraki kuşaklara kadar aktarırlar. Dolayısıyla hangi suçu işlememiz gerekiyor?

Yetişkinliğin birinci adımı işlenen o küçük suçun verdiği pişmanlık ve vicdan azabına katlanmaktır. Çünkü biz yaşam için bu dünyaya geliriz. Yaşamın içine akmamız ve yaşamı kendi başımıza deneyimlememiz gerekir. Genellikle bize yasaklanan bu şey büyümemizin önündeki en büyük iç çatışmamız haline gelir. Aile ve toplum bireyleşmek yasaktır der. Çoğu insanın şu an toplumumuzda, benim de profesyonel olarak çalıştığım insanların temel sorunu genelde bu. Kalkış noktamız "Ama böyle yaparsam annem üzülmez mi? Ama böyle dersem babam kaldıramaz, ölür. Şöyle yaparsam kocam onu vurur. Şöyle olursa eniştem bizi yaşatmaz" olunca da havalanan uçak bir türlü konacak yer bulamıyor. Böyle olunca da bastırılıyor, bu da öfkeye sebep oluyor. Sonra da öfkeli bir insan olarak hayatını sürdürüyor. Yüzü çatık ve doğal olarak da değersiz. Aile Dizimi bize, işte bu ilk vicdan meselesini gösteriyor.

Öyle ya benim içine doğduğum ailede Aleviler için kötü şey söylüyorlar örneğin, benim üniversitede en yakın arkadaşım Alevi çıkıyor, ama ben ondan hiçbir kötülük görmüyorum.

Günümüzde toplumun dışlanan parçalarından Kürtler için, eşcinseller için, Ermeniler ve daha niceleri için bu suçu işlememiz gerekiyor. Bu benim hakkım olan bir suç ve bu suçu işleyip bütün sonuçlarına da katlanabilmem gerekiyor. Bunun sonuçları sadece bireysel açıdan değil, toplumsal olarak da aynı zamanda doğru. İyi ve doğru ayrımı gibi. Bunun sonuçlarına katlanmak benim için bir yük ama bunun toplumsal olarak bir yansıması var.

Yetişkinlik, kendi suçunun bedelini ve sonuçlarını üstlenmekle başlar.

Batı'yla Türkiye arasında çocuk yetiştirmede önemli farklar vardır. Burada onlar doğru yapıyor, biz yanlışız demek istemiyorum. Fikir vermesi açısından kıyaslıyorum. Bir çocuğu iki türlü yetiştirirsiniz, ya suçluluk duygusuyla ya utanç duygusuyla. Türkiye'de çoğumuz utanç duygusuyla yetiştirildik. "Ayıp. Sana hiç yakışıyor mu? Günah. Sakın bunu yapma!" sözleriyle ya da annelerimizin, büyüklerimizin delici ve kınayıcı bakışlarıyla...

Şimdi gelin beraber düşünelim. Ben bir misafirlikteyim ve canım bir bardak daha su istedi. Misafirlikteki teyze "Tabii canım" dedi, gitti içeriye. Annem bana "Ayıp değil mi? Bir şey istenmez misafirlikte, ayıp!" diye söylendi, gözlerini kocaman açarak bakışlarıyla da kınamasını tasdikledi. Şimdi ne oldu? Utandım. O su bana geldi. İçeyim mi? İçmeyeyim mi? Sonra ben bu suyu içtim ya da içmedim. Büyük ihtimalle de içeceğim ki, "Madem getirttin bu suyu kadıncağıza, şimdi niye içmiyorsun?" lafını duymayayım bu sefer de...

O suyu içtikten sonra ne yaparım? Arkaya odaya giderim. Orada utancımla nasıl durabilirim? Çocuğun o halini bir düşünün. Arkaya odaya geldim ve utanıyorum. Böyle boynumu büktüm oturuyorum. Ne yapabilirim? Utancımdan ne yaparak sıyrılabilirim? Çocukluk enstrümanlarımla ne gelir elimden o sırada? Bir şey yapamam. Bu nedenle utanma duygusu, utandırılma kişinin varlığına saldırıdır.

Halbuki ben suç ve cezayla büyütülüyor olsaydım, diyelim misafirliğe gittim ve salondaki vazoyu devirip kırdım, o vazoyu yerine koyduğumuzda yani tazmin ettiğimizde ne olur? Hatamı telafi etmiş olurum ve ben artık suçlu hissetmem. Yani özgürlüğümü geri kazanırım.

Batı'da özgürleştirici bir çocuk yetiştirme tarzı vardır, çocuk kendi sorumluluğunu alsın isterler. Örneğin matematikten 70 almış çocuğa annesi der ki: "Biz senden 90 bekliyorduk, bizi hayal kırıklığına uğrattın." Öyleyse çocuk 90 aldığında itibarını geri kazanabilir. Ama bizde anne çocuğa "Eniştenin çocuğu kadar olamıyorsun, komşunun kızı kadar olamadın. Allah seni kahretsin!" dediğinde bu kişi bunu kişiliğine yapılan bir saldırı olarak alır.

Vazoyu kıran çocuğa bakalım örneğin:

Misafirlikteydim koşuyordum, vazosunu kırdım.

Ne hissettim?

Kendimi çok beceriksiz, dışlanmış, sevilmemiş ve aptal hissettim.

Şimdi bu çocuk hayatında bunun gibi 3-4 hikâye daha yaşadığında yetişkin yaşamında kendini daha geniş alanlarda yetersiz hissedecektir. Derinlerdeki yetersizlik hissini bastırmak için de buna uygun kişilerle işlevsel olmayan ilişkiler kuracaktır. Tüm hayatı boyunca o vazoyu kırdığı anda hissettiği yetersizlik duygusunu telafi etmeye çabalayacaktır.

En büyük sıkıntımız çocukken işlediğimiz suçların telafisini yetişkinlikte yapmaya çalışmaktır.

Bir çocuğun hata yapma, suç işleme, günah işleme hakkını elinden almamalıyız. Ona böylelikle şefkat sunamayız.

Tam burada şimdi durun ve bu sayfanın arasına bir ayraç koyun ama öncesinde bazı soruların cevaplarını düşünmenizi istiyorum.

Hayatta en çok hangi konulardan utandınız?

Temiz bir defter ve kalemle şimdi yazmaya başlayın. Hayatımda ilk utandığım şeyler, şunlar şunlar şunlar...

Sonra ikinci bir liste daha yapın. Utandırıldığım şeyler nedir? Bunları yazın ve bunu yaptıktan sonra hepsinin yanına hislerinizi yazmaya çalışın. Şöyle şöyle hissettim...

Bugün sizin için bambaşka bir gün olacak. Bunları fark ettiğinizde biraz öfkelenebilirsiniz. Biraz hüzünlü de hissedebilirsiniz. Bunlar normaldir. Yüzleşmek biraz sancılıdır. Ama çok gereklidir. Hatırlayın.

Notlarınızı aldıktan sonra durun, kendinize bir bakın, içinize bakın. Kendi içinizdeki çocuğa ona sunulmamış şefkati, onun büyüğü olarak şimdi siz gösterin. Bir yastık bulun, göğsünüze alın. Gözünüzü kapatın ve o çocuğu hissedin.

Ona deyin ki: "Artık senin için ben varım, sen bir çocuksun, her çocuk kadar suç işleyebilir, her çocuk kadar hata yapabilirsin. Çocuklar yaşayarak öğrenirler. O yüzden senin bütün hatalarını, eksiklerini görüyor ve kabul ediyorum. Seni kabul ediyorum. İyi ki varsın. Seni çok seviyorum."

Travmalarla Yüzleşme

Travma insanın başına gelen bir şeyi anlamlandıramama halidir demiştik. Hiç beklemediği bir zamanda, beklemediği bir kişiden, beklemediği bir davranış görür insan ve bu onun sinir sisteminde yer eder. Travma kişiyi hayatı boyunca dönüştürecek unsurlardan bir tanesidir. Bazen olumlu, bazen olumsuz anlamda. Buradan hareketle travmanın iyileşmesi, travmanın anlam kazanmasıyla olur. Psikoterapi, yaşadığımız travmaları anlamlandırma sanatıdır bir manada.

Peki travmalarımız iyileşebilir mi?

Evet, iyileşebilirler. Ancak travmalarımızı iyileştirebilmek için öncelikle onlarla yüzleşmemiz gerekir. İlk yapacağımız şey yüzleşebilecek o ilk cesareti göstermektir ve travma her zaman müşahit ister.

Biz danışanımızın travmasına müşahitlik ederiz yani ona tanık oluruz, gözlemleriz, biz de bir şahidizdir. O da bize travmasını açma cesaretini gösterir. Bu işbirliği onun travmalarının iyileşmesi için bize bir alan açar. Bir kişi yetişkin bilinciyle, olanı olduğu gibi kabul edebilme kasını geliştirdiğinde, travmalarını da pekâlâ iyileştirebilir. Burada acımasız da olmak istemem, çok yoğun travmalara maruz kalmış insanları azımsamak da istemem elbette. Ama bunu da söylemekle mükellefim ki bu işin profesyoneli olarak iyileşmek için travmalarımızla ilgilenmeli ve travmalarımızı iyileştirmeliyiz.

Travmalarla ilgilenirken öncelikle savunma mekanizmalarını çözmeye ihtiyaç duyarız. Çoğu travmatize insan, çok güçlü savunma mekanizmaları geliştirirler. Travmasını yok sayabilir örneğin, dalga geçebilir, çok sevebilir, çok sahiplenebilir. Bu en zorlandığımız kısımdır. Emin olun travmanın kendisinden daha çok zorlandığımız kısım danışanımızın yani travmatize kişinin travmasına olan sadakatidir.

İki tip travmadan söz edebiliriz. Bir kişinin yaşadığı deneyimlediği bir travma, bir de ailenin geçmişinde olmuş bir travma. Ve bizler ne yazık ki ailemizin geçmişinde olan travmalardan da sorumluyuz. Çünkü diyoruz ya travmanın doğasında görülmek, anlaşılmak ve ona şahitlik edilmesi ihtiyacı vardır. Hiç yere öldürülmüş bir akrabamız, hiç yere yok sayılmış bir akrabamız, evinden yurdundan olmuş bir kişi, aile vicdanında bir yara açar. Bizler bu yaralardan da sorumluyuz.

Travma dediğimizde sadece kişinin yaşadığı deprem, sel gibi felaketler, cinsel ya da psikolojik şiddet gibi olayları kastetmeyiz, bunların ötesinde bir de ailenin yaşadığı travmalar vardır. Örneğin Kennedy ailesi bir travma yaşamıştır ve bu tüm aileyi etkiler. Sonraki kuşaklar olarak bizler de ailemizin yaşadığı travmaları çözmekle mükellefiz. Kendi payımıza düştüğü kadarıyla...

Çözüm dediğimiz şey hadi oturalım da şu işi bir çözelim gibi bir yaklaşım değil... Travmanın kilitlendiği alanları bulup onları görmemiz gerekir. Bu konuda da Aile Dizimi çok başarılı bir tekniktir.

Hemen bir pratikle başlayalım o halde. Şu anda E-devlete girip, kendi soyağacınızı inceleyerek işe başlayabilirsiniz. Alt soy, üst soy hepsini bir kâğıda dökün, hayatta olan büyüklerinizi ziyaret ederek hikâyelerini öğrenin, bugün hayatta olmayan büyük büyük anne babalarınızın yaşamlarını sorun. Böylelikle o insanlar isimlerden öteye geçer ve bütün hikâyelerini öğreniriz. Aile Dizimi öğrendiğimiz hikâyeler üzerinden size veya çocuğunuza sirayet edecek kaderleri önceden okuyabilme ve bunları önleyebilme fırsatını sunar.

Travma sinir sistemimize müdahale ettiği için, görünmez bir şekilde bizimle yaşar. Biz de bununla baş edebilmek için çeşitli savunma mekanizmaları geliştiririz. Böylelikle travma, biz ilgilenelim ya da ilgilenmeyelim daima bizimle birliktedir.

Jung'un dediği gibi, *bastırılmış her şey bir gün korkunç bir şekilde açığa çıkar.* Hiç beklemediğimiz bir anda, bir iş görüşmesinde, bir düğün esnasında, sıradan bir anın içinde geçen bir hadise bizim travmamızı tetikleyebilir ve böylelikle bizim hiç tahmin etmediğimiz ve belki de kendimize yakıştırmayacağımız davranışlar sergilememize neden olabilir.

Travmalar sinsidir. Onlardan istediğiniz kadar kaçın, istediğiniz kadar bastırın, onlar daima bizimle gelirler. Adeta gölgelerimiz gibi bizi takip ederler. Ailelerimizin de gölgesi gibidir onlar. Öyle aileler vardır ki çocukları köklenmekte zorlanır, öyle aileler vardır ki çocukları borç batağından bir türlü çıkamazlar. Öyle aileler vardır ki bütün çocukları boşanma deneyimler. Öyle aileler vardır ki evlenebilen ya da çocuk sahibi olabilen yoktur. Bunlar, o aile sisteminde geçmişte yaşanan bir travmanın pekâlâ izleri değildir de nedir?

> *Hatırlayın, bizler bu dünyaya kirlenmemeye değil, arınmaya gelmiş varlıklarız.*

İnsanın amacı kirlenmemek olmamalıdır. Zira insan "kirlenerek" büyür, biz arınmayı geliştirmeli, arınmayı öğrenmeliyiz. Kirlenme zorunludur.

Bireyleşmenin ilk kuralı "suç" işlemekti, dolayısıyla bu suçu işleyip daha sonra doğruyu bulma yolunda arınarak kendi özgürlüğümüze ulaşmak bu kitabın ve dolayısıyla Aile Dizimi'nin ana amacıdır.

Aile Sistemlerinin Gücü

Bir aile içine doğarak, sadece biyolojik genlerimizi değil, aynı zamanda inanç sistemlerimizi ve davranış biçimlerimizi de miras alırız. Ailemiz, doğduğumuz andan itibaren, her birimizin kendi özgün konumunda içinde yer aldığımız bir enerji alanıdır. Zira insan 3 şekilde oluşur:

- Aileden getirdikleri
- Çevreden aldıkları
- Ve kendinde olan (Fıtrat)

Bunun en baskın ve kalıcı olanı elbette aile sistemimizin içinde aldıklarımızdır. Kardeşler arasında farklı yetenekler, buna bağlı farklı genler ve pekâlâ farklı kaderler vardır. Bir aile ferdi finansal başarıya ulaşmışken bir diğeri romantik ilişkilerinde iyidir ya da tam tersi durumlar geçerlidir. Ancak biliyoruz ki hepimiz önce kendimizde eksik olana odaklanırız. Bu da insanın fıtratındandır. Daima ulaşmak istediğimiz arzularımız vardır. Her geçen gün bu süreç uzadığında da çeşitli seviyelerde acı hissederiz. Bir zaman sonra da ebediyen sürecek bir sorunlar yapısı içinde kaldığımızı sanabiliriz. Aile Dizimleri bize bu yapıları en derin seviyede anlama şansı sunar. Kendi yapılarımızı çözümlememize ve böylelikle huzur ve mutluluk bulmamıza yardımcı olurlar.

Hepimiz önce kendimizde eksik olana odaklanırız.
Bu insanın fitratındandır.

Benim ne suçum var?

Ailemizin enerji alanının karakteri, vicdanı oluşturan din ve inanç temelindeki aile geçmişimizle şekillenir. Aile enerji alanımız anne baba, nine ve dedelerimizin ilişki geçmişleri, erken çocuk ölümleri, düşükler, kürtajlar, evlat edinmeler, intiharlar, savaşlar, ülkeyi terk etmek zorunda kalma, din değiştirme, ensest, mağdur veya fail olmuş ecdat, güven, ihanet ve benzeri etkileyici olaylarla biçimlenir. Ebeveyn ve atalarımızın cömert işleri faydalı olurken, zararlı işleri ise alana zarar verir ve sonraki nesiller cezasını çeker.

Tam burada önemli bir konuya değinmek isterim. Öyle ki birçok kişi, geçmişte yaşananların vebalini ödemenin bir haksızlık olduğunu düşünür. Onların günahlarının bedellerini niye ben ödüyorum ki diye düşünür. Bir bakıma haklılar da. Ancak burada anlaşılması gereken temel şey kimsenin başkasının günahını ödemediğidir. Bu aktarım dini bir kurala bağlı gerçekleşmemektedir.

Demem o ki geçmişte bir atamızın yaptığı-yapmadığı, söylediği-söylemediği bir şey olduğunda orada bir durum oluşur. Bu durum dengeye gelene kadar nesiller boyunca aile enerjisinin bir parçası haline gelir. Burada günah yoktur. Burada bedel yoktur. Burada denge arayışı vardır. Bu durumun görülmesi ve dengelenmesi gerekir. Zira insani sistemler canlıdır ve travmalar nesiller boyu epigenetik mekanizmayla sonrakine aktarılmaktadır. Yukarıda bahsettiğim zararlı işleri şimdi sıralayalım ki daha iyi anlaşılsın:

Kötü yoldan edinilmiş zenginlik,

Aldatma ve çalma,

Öldürücü meslekler (askerlik-polislik-cellatlık),

Cinsel tacizler,

Aile üyelerinin hapishane veya sürgüne gönderilmesi,

Ölümle sonuçlanan kazalar,

Birinin dinini veya ülkesini inkârı.

İlaveten atalarımızın erkek ve kadınlara karşı tutumları, iyi ilişkiler geliştirme kabiliyetimizi etkiler. Atalarımıza karşı yeterli saygı ve şükran gösterilmemesi de alana zarar verir.

Aile alanı içindeyken hem onun farkında değilizdir hem de etkisinden habersizizdir. Bizden daha güçlü davranış ve tutumlara yakalanmış durumda, daha sonra pişman olacağımız ve anlamayacağımız şekilde işler yaparız.

Aile Dizimleri, ailenin alın yazısı olduğunu gösterir. Bununla birlikte, bu alın yazısında çaresiz kalmış değiliz, aksine iyileşmeyi başarabiliriz. En önemlisi, düzenleri anlama yoluyla, sonraki nesillerin acı çekmesine neden olmayacak şekilde, davranışlarımızı kontrol etme gücüne sahibiz.

Olgusal Yöntem

Hocam Hellinger, yöntemini "olgusal" olarak tanımlardı.

Aile Dizimleri'yle çalışmanın özü, Hellinger'in kitaplarından birinin de adı olan "olanı kabullenme"dir.

Uygulayıcıların danışanları için şahsi gaye ve istekleri olamaz. Görevleri, enerji alanına hizmet etmektir. O anda ne olduğuna bakarlar. Aile geçmişi, temsilcilerin pozisyonlarını açıklığa kavuşturur ve gerçekçi bir bilgi kaynağı olarak kullanılır. Hüküm ve yorumlardan kaçınılır.

Hellinger yöntemini şöyle açıklamaktadır:

"Algının dinginliği ve berraklığı, değiştirme niyeti olmaksızın, dünyaya olduğu haliyle onay vererek mümkün olur. Bu esasında dini bir tutumdur; çünkü beni daha büyük bir bütünden ayırmadan,

onunla uyumlu hale getirmektedir. Sistemde zaten faaliyette olan içsel güçlerin kendi başlarına yapacağından daha iyisini bildiğim veya yapmayı umduğum iddiasında bulunacak değilim. Kötü/korkunç bir şey gördüğümde, o da dünyanın bir yönüdür ve ona onay veririm. Güzel bir şey gördüğümde, ona da onay veririm. Dünyaya olduğu haliyle onay vererek, bu tutumu 'tevazu' diye adlandırırım. Sadece bu onay algıyı mümkün kılar. Onsuz, benim kurgularım olan - arzular, korkular, hükümler algımla çatışır."[1]

Bu yöntemin özü, "olanı kabullenme"dir. Bu, uyumla sonuçlanan hareketlere neden olan şeydir. Bu tevazu ve saygıyla kadere izin vermektir. Hakiki olana alan açmak, kendi içinde hakikate yer vermektir.

Örneğin "Dedem de ne biçim adammış!" bir yargıdır. "Halam da ne çekmiş!" Bu da yargıdır. Bizim yapmamız gereken şey, olanı olduğu gibi görmeye ve saygıyla içeri almaya çalışmaktır. Yargısız, olduğu haliyle...

Sevgi: Aile Dizimleri'ni Harekete Geçiren Enerji

Terapi veya kişisel büyümenin farklı düzeyleri vardır. Bunları, ego düzeyi ve ruh düzeyi olarak ele alabiliriz.[2]

Ego düzeyinde, hepimizin ayrı hikâyesi vardır: "Kocam beni aldattı", "Çocuğum zor biri", "Annem, babamı intihara sürükledi." Mağdur ve failleri görme alışkanlığımız vardır. Mağdurlar masum olup, failler suçlanır ve cezalandırılır; çünkü onlar acılardan sorumludurlar. Ailemiz ve ona ne olduğu hakkında

---

1 Bert Hellinger, *Sevginin Saklı Simetrisi*, Çev. Seda Toksoy, Pan Yayıncılık, s. 91

2 Bkz. Joy Marine, *Soul Therapy* (Ruh Terapisi), North Atlantic Books, 1997

anlattığımız hikâyeler "doğru" değildir, onlar sadece, gördüğümüz veya dahil olduğumuz olayların tarafımızdan yorumlanmasıdır. Hikâyelerimiz, olup bitenler hakkındaki kendi düşüncelerimiz ve bazen de yargılarımızdır. Hal böyleyken Aile Dizimleri, aslında neler olup bittiğine hükümle değil, sevgi ile bakar. Münferit üyelerin mağdur veya fail olmasına, hasta veya engelli olmasına yol açan ve aile enerji alanındaki yapıda iyileşmeyi sağlayacak o alanı bulmaya çalışır.

Ruh düzeyi, saf, peşin hükümsüz, cezalandırıcı olmayan sevgi düzeyidir. Mutlak öz sorumluluk ile karakterize edilir. Suçlamaya çalışmak yerine, daha ötesine bakar. Ailemizde gerçekleşen ve çok uzak geçmişte kalan, bilinçli kontrolümüz dışında düşünmemize ve davranmamıza neden olan olaylar vardır. Durum bu olmasına rağmen mazeretler aramayız. Sorumluluğumuzu üstlenir ve bazen de suçluluk duyarız. Suçluluk duygusuna izin vermek, kişiyi gerek ruhsal gerekse bilinç seviyesinde olgunlaşmaya götüren yoldur. Bazen suçlu hissetmek iyidir. Yeter ki gerçekten size ait bir suçun duygusu olsun...

Biz, Aile Dizimleri'nde, sorular sorarız:

Benim veya kocamın ailesinde, bana ihanet etmesine yol açan ne oldu?

Kocamla benim aramda veya aile enerji alanımızda, çocuğumuzun aşırı hareketli/huzursuz/öfkeli olmasının nedenleri neler?

Babamın ailesinde, kendi canına kıymasına neden olacak neler oldu?

Benim ailemde bu kadar borç yükü altında kalmamızın sebepleri nelerdir?

Anlamaya ve sevgi sayesinde iyileşmeye çalışırız. Zira bir yetişkin için "soru kalitesi" hayatının kalitesini belirler. Dikkat ederseniz hayatından şikâyetçi insanlar hep aynı ve işlevsiz sorulara takılmışlardır hayatlarında. Yıllardır aynı soruları sormaya devam ederler ve böylece hayatları asla değişmez! En verimsiz soru ise "Neden ben?"dir. "Bu neden benim başıma geldi?" de aynı kapıya çıkan farklı versiyonudur. Biraz kibirli ve biraz da olgunlaşmamış kişiliğin sorusudur.

Yanlış sorular doğru cevaplar getirmez. Ancak doğru sorularla sebep-sonuç ekseninde doğru yeri bulabiliriz.

Buradan hareketle tam da şu an kitap ayracınızı bu sayfaya yerleştirin, usulca kitabı bırakın ve not alın kendinize:

Hâlâ cevabını bulamadığınız sorular neler?

Bu liste ileride çok işinize yarayacak. Listenizi bitirdikten sonra kaldığınız yerden devam edebilirsiniz. İlerleyen bölümler daha da derinleşmenizi sağlayacaktır.

Soracağınız soruların kalitesi hayatınızın kalitesini belirler.

2. BÖLÜM

AİLE DİZİMLERİ İLE ÇALIŞMA YÖNTEMİ

Gelin biraz da tekniğin nasıl uygulandığını anlayalım birlikte. Bir Aile Dizimi seansı nasıl oluşur, hangi aşamalardan geçilir ve nasıl bitirilir?

Çoğunlukla, Aile Dizimleri grup ortamında yapılır, ancak bazı danışmanlar bunu bire bir oturumlarda da yapar. Her iki durumda, belli aşamalardan geçilir. Danışman, danışanın oraya gelmesine neden olan konu veya sorunu anlamaya çalışmakla başlar. Ardından grup içinden temsilciler seçilir ve dizim kurularak, çözüme ulaşılıncaya veya kendisi de bir tür çözüm olacak şekilde, çözümün mümkün olmadığı ortaya çıkıncaya kadar üzerinde çalışılır. Dizimin ortaya çıkardığının nasıl bütünleştirileceği konusunda tavsiyelerle bir kapanış ritüeli olabilir.

Grup Ortamında Dizim

Birinci aşama: Konuyu belirleme

Danışman, danışanın bir Aile Dizimi istemesine neden olan konunun ne olduğunu danışana sorar. Danışmanın peşinde olduğu bilgi, kesinlikle eksiksiz gerçektir. Yorum, önyargı ve açıklamalarla süslenmiş "alışılmış" hikâyeyi duymak istemezler. Örnek sorunlar şunlardır: "Mutlu olamıyorum", "Kanserim", "Çocuğum engelli."

Olgusal yöntemin özü, vakaların ne olduğu konusuna odaklanmaktır. "Annem beni sevmedi" diyen bir danışan, annesinin davranışının yorumunu yapar. Danışman, örneğin, "Nerden biliyorsun?" diye sorarak gerçeğe dayalı bilgi almaya çalışacaktır. Danışan bilemez. Bu çalışmada bilebileceğimiz şey, bir çocuğun sevilmediğini hissettiği zaman, annesinin, olmak istediği şekilde içtenlikle sevecen bir anne olmasını engelleyen bir düzene yakalanmış veya karışmış olmasıdır. Aile Dizimleri'nin ortaya koyduğu şey, acı çektiren durumun altında yatan asıl gerçektir.

Sorun tanımlandıktan sonra, genellikle sorulan soru şudur: "Ailenizde neler oldu?" Aşağıda, örnek bir vaka geçmişi görebilirsiniz:

Danışman: Sorun nedir?

Danışan: İyi bir ilişki yaşıyorum, yine de mutlu olamadığımı hissediyorum.

Danışman: Ailenizde neler oldu?

Danışan: Annem, bir oğlunu küçükken kaybetti. Ben doğmadan önce olmuş.

Birçok danışman için bu, başlangıç için yeterli bir bilgidir. Bazıları daha fazla bilgi almak için daha fazla soru sorabilir:

Danışman: Başka erkek ve kız kardeşleriniz var mı?

Danışan: Evet, bir büyük erkek kardeşim ile bir küçük kız kardeşim var.

Danışman: Onlar nasıl?

Danışan: Kız kardeşimin evliliği geçen yıl bitti ve erkek kardeşimin sağlık sorunları var.

Danışman: Anne babanız halen birlikte mi?

İkinci aşama: Temsilcilerin seçimi

Klasik Aile Dizimleri'nde danışan, kendisi dahil olmak üzere, seçili aile üyelerini temsil edecek katılımcıları seçer. Danışmanlar genellikle asgari sayıda başlar. Bu örnekte, danışman danışan, eşi ve ölen erkek kardeşi için temsilciler olmasını ister.

Kuantum Drama® farkı nedir?

Meister'imle Almanya'da yaptığımız çalışmaların ardından heyecanla İstanbul'a döndüm ve hemen bir program düzenlemek istedim. Bu yöntemi olabildiği kadar uygulamak ve toplumun her kesimine yaymak amacındaydım. Tıpkı Almanya'da olduğu gibi çalışma başlamadan aldığımız ön bilgi (Anamnez) sonrasında danışandan temsilciler seçmesini ve onları alanda yerleştirmesini istedim.

Ancak iki temel sorunla karşılaştım. Birincisi, burada, orada olduğu düzeyde bir saygıyla seçimler olamıyordu. Parmak işaretiyle temsilciler işaret ediliyor, lakayt tavırlar sergilenebiliyordu. Zira biz duygu yoğunluğu çok güçlü bir toplumuz. Duygularımızı ya aşırı ifade ediyor ya da güçlü şekilde bastırma eğiliminde oluyoruz. Böylelikle de çalışma alanında gerekli yetişkin sakinliği ve ruhsal olgunluk düzenlenemezse çalışma da iyi başlamamış oluyordu.

Yine toplum olarak güven duygusu oldukça zedelenmiş bireyleriz. Küçük yaşlardan itibaren yalan söylenen, bastırılan, şiddet gören ve hatta yok sayılan bir aile yapısında büyümenin getirdiği güvensizlik hayatın her alanına sirayet ediyor. Böylelikle de temsilcilerin rollerini bilinç seviyesinde "biliyor olmaları" da çalışmanın güvenilirliğini sarsıyordu. Üzerine uzunca düşündüm ve henüz bulaşık makinesi deterjanı olmadan önce kendi metoduma Kuantum Drama® ismini koydum ve patentini aldım.

Kuantum Drama® metodunda bu iki sorun da büyük oranda ortadan kaldırılmıştı artık zira temsilcileri ben seçiyordum ve onları alana alırken hafifçe ellerinden tutuyor ve neyi temsil ettiklerini içimden, ben, söylüyordum. Neyi veya kimi temsil ettiğini "bilmeden" alana çıkıyordu temsilci. Bu hem onlar için, hem danışan hem de benim için rahatlatıcı bir etki yarattı. Üstelik temsilci seçimleri tamamen içgüdüsel olduğu için alanla her anlamda daha fazla işbirliği içinde oluyordum hem de gönüllülük esasıyla onları kaldırıyordum. Elimi uzattığım temsilci adayı onay verirse kalkıyordu ve istemezse kalkmıyordu. Tüm bunlar saygılı bir biçimde cereyan ediyor ve tüm gün boyunca da temsil almama hakları olduğunu çalışma başında gruba belirtiyordum. Özellikle ilk defa katılanların kendilerini daha rahat hissetmelerini de sağlıyordum.

Ayrıca, yaklaşımsal olarak da birtakım düzenlemelere ihtiyaç vardı. Örneğin, o zamanlar Hellinger kürtaj için cinayet tespiti yapardı. Bu çok sert geldi bana. Zira toplumumuzun genelinde neredeyse hiçbir kadın güle oynaya kürtaja gitmez. Bizde çocuk "evlat" vasfındadır ve bir kişiye sen çocuğunu öldürmüşsün demek onu kazanmak yerine iyice kaybetmek olacaktı. Ben de hem sistemin ihtiyacını karşılayacak hem de danışanı incitmeyecek bir perspektif keşfettim. Halen bu metotla çalışmalarımı sürdürüyorum.

Danışman, daha sonra başka temsilciler ekleyebilir. Yukarıda bahsedilen vakada, danışanın ebeveyn ve hayattaki kardeşlerinin olması muhtemeldir, ancak kesin değildir; her dizim özgün olduğundan, dizimin nereye yöneleceğini kesin olarak kimse kestiremez.

Üçüncü aşama: Dizimi kurma

Klasik uygulamada, danışman, danışandan dizimi kurmasını ister. Dizimi kurma, birbirleriyle ilişkilerini temsil edecek şekilde temsilcileri mekânsal ve açısal olarak konumlarına yerleştirmek demektir. Danışan, tam bir konsantrasyon içinde, sırasıyla her bir temsilcinin arkasında durur, ellerini temsilcinin omuzlarına koyar ve temsilciyi kendisine göre doğru olan konuma gelinceye kadar yavaşça hareket ettirir. Temsilcileri yerleştirme, düşünmeksizin, sezgiyle yapılır. Onlar yerleştirilirken, dizim ortaya çıkmaya başlar ve otonom bir enerji alanı oluşturulur. Dizim kurulduktan sonra, danışan katılımcıların arasında oturur ve izler.

Bazen, Aile Dizimi'ni danışman kurar. Bazen de kendilerini temsilen danışanlar dizime yerleştirilir.

Kuantum Drama® metodundaysa çalışmaya başlamadan önce dört temel soru sorarız:

- Ben açık mıyım?
- Grup açık mı?
- Alan açık mı?
- Kişi açık mı?

Tıpkı bir pilotun uçağı kaldırmadan önce son kontrolleri yapması gibi ben de bu dört soruyu muhakkak kendi içimde sorarım ve dördüne de evet cevabı aldıktan sonra çalışmaya başlarım. Herhangi birinde bir hayır cevabı aldığımdaysa, çalışmayı durdurur, bunu onarmaya gayret ederim.

Dördüncü aşama: Çözüm için çalışma

Dizimle çalışmanın iki yolu vardır. Bunlardan birinde, danışman araya girerek, temsilcilerin her birine kendilerine neler olduğunu sorar. Elde edilmeye çalışılan bilgi, gerçek ve olgusaldır, yorum ve açıklamalar hariç tutulur. Danışmanlar da temsilcileri hareket ettirebilir, örneğin, birbirlerine bakar duruma getirebilir, sırt sırta getirebilir veya dizimden bile çıkarabilir. Bununla birlikte, temsilcilerin enerji alanı tarafından yönlendirildikleri anlaşıldığında, danışman müdahale etmez ve kendi hallerine bırakır. Hareketler yavaş olup, enerji çok yoğundur. Bunlara, "Ruhun Hareketleri" denir ve bir kelime bile edilmeden, dizimi çözüme getirebilirler.

Biz buna temsilci algısı fenomeni deriz. Aile Dizimi'nde o çemberde belli bir niyetle toplanmış insanlar onlara verilen rolleri, ayna nöronlar ve hücre belleği mekanizmalarını harekete geçirerek içlerinde hissetmeye başlarlar. Tıpkı Mevlana'nın sözü gibi. "Sen ruhu bilemezsin, ruh hareketlerde gizlidir." Orada alınan temsillerden sonra kişiler bedenlerini yavaşça hareket ettirerek, belli jestleri, belli mimikleri, belli yönlerdeki duruşlarıyla bize niyet ettiğimiz konuyla ilgili alandaki dizilimi ortaya koyar. Her dizilim biriciktir. Astrolojik bir şey gibi düşünün. O anki konum ve pozisyonlarını bana gösterir. Ben de onu okuyarak önce danışanımdan teyit alırım. Danışanımdan teyit aldıktan sonra çözüm hareketini başlatırım.

Ustalık, marifet minimum müdahaleyle maksimum sonucu almaktır. Çünkü Aile Dizimi görünene bakıp görünmeyeni anlama sanatıdır.

Geçmişe müdahale mi ediyoruz?

Zaman sadece insan için söz konusu olan bir kavram. Yaşamda zaman diye bir kavram yok. Bir an için düşünelim, dünyadaki tüm insanları bir süreliğine aldığımızı farz edelim, zaman diye bir şeyin önemi olur muydu? Aslanlar, kuşlar, böcekler, su ve havanın zaman kavramıyla işi olur muydu? O halde ruhlarımız için de zaman kavramı yoktur. Belki 100 sene önce olmuş bir şey bizim için 100 sene önce olmuş ama ruh ve hücresel bellek için, DNA için zaman söz konusu değildir. Bu bize tuhaf geliyor ama bu bilgiler daima yaşamın içinde kendini belli ediyor. Unutmayın, canlılar hep aktarımla hayatlarını sürdürdüler.

Temsilcinin yerine danışanı geçirme

Bazen, danışanlar dizimin başlangıcında yerlerini alırlar. Bazen de yerlerine bir temsilci geçer. Bir noktada, danışandan yerine geçmesi, temsilcinin gitmesi istenir. Bu, yavaşça ve hassas bir şekilde yapılır. Öz deneyimin daha faydalı olacağını hissettiğimizde, dizimin herhangi bir zamanında bunu yapabiliriz.

Beşinci aşama: Çözüm

Çözüm, dizimin tüm üyelerine yükten kurtulma hissini verir. Aile enerji alanına huzur ve gönül rahatlığı getirir. Alanda bariz bir rahatlama hissedilir.

Katılımcılar

Bir çalışmanın içinde bulunan herkes alana dahildir ve temsil almasalar bile çeşitli içsel açılımlar yaşayabilirler. Çalışmanın yapıldığı yeri düşünelim, bir köşeye bir piyano, karşı köşesine de bir gitar koyalım. Her ikisi de akortlu olsunlar. Piyanonun mi tuşuna bastığınızda uzaktaki gitarın telleri titrer. Mi teli biraz daha fazla titrer. İşte buna rezonans yasası diyoruz. Alanda olmak, çalışmada olmak da en az açılım yaptırmak kadar şifalı olabilir. Çalışılan konunun sizde de karşılığı olduğunu hissedersiniz. Ve tevazuyla olana izin verdiğinizde oturduğunuz yerde bile şifa alabilirsiniz.

Altıncı aşama: Kapanış ritüeli

Temsilciler için rollerinden çıkmanın çeşitli yolları vardır. Odanın içinde dolanırlar, sallanırlar veya bunları yapmak için odadan çıkarlar. Kuantum Drama® metodunda, uygulayıcı hafifçe omuzlarına dokunarak onlara biraz evvel verdiği rolleri geri alır.

Dizimlerde rol almak sağlıklı bir yetişkin için hiçbir şekilde zararlı değildir. Ancak alan kurulumunun, rollerin belirlenmesinin, açılım ve kapanışın doğru bir ortamda, doğru niyetlerle ve ehil bir danışman tarafından yapılması çok önemlidir. Katılmak istediğiniz çalışma öncesinde uygulayıcının eğitimini, tecrübesini muhakkak öğrenin. Uygulama yapılacak alanın temiz, havadar ve ışık alan aydınlık bir yer olmasına dikkat edin. Açılımların insanların yüksek hayrına ve yüksek saygı gösterilerek uygulandığından emin olun. Orada olmayan, o çalışmanın yapılacağından bihaber, onayı ve vekâleti alınmamış kişiler için çalışma yapılması hem etik açıdan hem de alan kuralları gereği son derece sakıncalıdır. Örneğin eşinin bolluğu artsın diye gelmiş biriyle bile çalışmadan önce eşinizin bilgisi var mı diye sormak gerekir. Aksi halde yapılan şey şifadan ziyade büyücülük olacaktır!

Yedinci aşama: Dizimleri pekiştirme tavsiyesi

Dizimin enerji alanı çok hassastır. Dizimler, güçlü bir şekilde dönüşebilir. Büyük iyileşme değişikliklerini harekete geçirirler ve bunların danışanın hayatının her yönünde çalışmaları zaman alır, bazen iki yılı bile bulabilir. Bunları kesintiye uğratmamak veya müdahale etmemek gerekir. Bu nedenle danışmanlar danışanlara genellikle ne şahsen endişe duyanlarla ne de grup üyeleriyle, dizimleri hakkında hiç konuşmamalarını tavsiye eder. Grup üyelerinden de danışanlarla dizimler hakkında konuşmamalarını, neler olup bittiği veya aile üyeleri hakkında nelerin olduğunu onlara sormamalarını ister.

Neler olup bittiği hakkında konuşma, çözümün enerji alanını zayıflatır. Danışanların, kendi başlarına deneyimle çalışma ve bütünleşme özgürlüklerini azaltarak, deneyimlerini zayıflatır. Ne yazık ki bir dizimden sonra, genellikle grup içinde bazı paylaşımlar olur. Temsilciler, ilave bilgi vermek isteyebilir ki bu danışan için yararlı olmayabilir. Çalışmalardan sonra sessizliği ve azami saygıyı göstermek çok önemlidir. Ayrıca burada kural olarak şu cümleyi veririm: Açılımını yaptığımız kişi, kendi açılımını, bir hafta, kimseye anlatmıyor!

Ben Kuantum Drama Aile Dizimi Uygulayıcılığı eğitimlerimde gruplarla çalışırken, sorular olduğunda, danışana ya odadan çıkması ya da kalıp-gitme konusunda kendi seçimini yapma sorumluluğu veririm. Çünkü ben, öğretme metodumda %50 teorik %50 pratik olarak hem denge sağlamak isterim hem de talebemin mezun olana kadar yüzlerce çalışma deneyimlemiş olmasını önemserim. Bu iş alanda öğrenilir! Cumartesi günlerini teorik eğitime ayırırım. Bir modül bir konu demektir ve sonrasında da o konuyla alakalı grubumla egzersizler yaparız. Hocaları olarak, pazar çalışmalarında ise aktüel dizimlerde, her dizimden sonra vaka formülasyonu gibi çözümlemelerle talebemin becerilerini artırmak isterim.

Ve tabii danışan, gösterilmekte olana dahil olmaya istekli olmak zorundadır. Danışanlar, sorumluluk sahibi kişiler olduğunda, başarıyla dahil olurlar. Sorumluluk duygusu yetersiz, çocuk bilincinde ve mazeret üretmeye çalışan, mutsuz yaşamlarından dolayı başkalarını suçlayan danışanlar, özü "olanı kabullenme" olan dahil olma çalışmasında pek başarılı olmayacaklardır.

Bir Açılımın Ne Zaman Biteceğini Bilme

Bir dizim, gerekli hareketler yapılıp, bütünleşildiğinde ve çözüme kavuşulduğunda biter. Enerji alanının, temsilcileri artık hareket ettirmemesi iyiye işarettir.

Çözümler, şaşırtıcı olabilir. Özgürleştirici bir sonuca ulaşılamamasına rağmen, daha fazla bir şey yapılamadığı zaman, dizim bitirilmelidir. Dizimle çalışmak için yeterli bilgi olmadığı zaman, dizim bitirilmelidir. Bunlar, kendi içlerinde çözümdür.

Danışanlar ister dizimi dışarıdan izlesin ister direkt kendilerini temsil etsin bazı durumlarda dizim sona erdirilir. Danışan temsil ederken içeriden yönlendirmeye çalıştığında, danışmana müdahale edildiğinde, alana bir şekilde saygısızlık olduğunda dizim bitirilmelidir. Danışanlar konsantrasyonlarını kaybettiklerinde veya enerji yoğunluğunu azaltacak –şaka yapma veya alay etme gibi– şekilde davranırsa, dizim bitirilmelidir.

Bazı danışmanlar, "Dizim içinde bir hareket olduğunda dizimin bitirilmesinin zamanı gelir" kuralına uyarlar. Enerjiyi izlemekten ziyade, onu kontrol etmeye çalışan temsilciler olabilmektedir. Bir aktarım ya da zihinsel bir yorum ihtiyacıyla alanda hareket etmek bir manada çalışmayı sabote etmektedir.

İyileştirici Sözlerin Kullanımı

Bir dizimin belli noktalarında, danışman temsilcilere tekrarlamaları için iyi seçilmiş bir cümle söyler. Bu, tüm grubun yüreğine hitap etmesi gereken ve duyguları harekete geçirmesi beklenen andır. Zira çözüm daima duygusal seviyede olur.

Almanya'dayken tespit ettiğim önemli sorunlardan biri de buydu. Malum her kültür kendi dilini yaratmıştır ve kullanılan dil o kültüre hastır. Örneğin Almanya'daki çalışmalarda anneden çocuğuna "I bless you, seni kutsuyorum" denmesi istenir çoğunlukla. Bu, bizim için bir mana ifade etmez. Zira hangimizin annesi bizi bugüne kadar kutsamıştır ki? Siz hiç annenizden böyle bir şey duydunuz mu? Kutsanma, Hıristiyan inancından gelmektedir. Öyleyse alanda hiçbir açılım yaratmayacağı gibi insanların konsantrasyonunu bile bozabilir.

Kuantum Drama® metodunu geliştirirken bu konuyla da hassasiyetle ilgilendim. Mesela yukarıdaki gibi bir uygulamada, ben, danışanım için "Evladım, sütüm sana helaldir" cümlesini sufle ediyorum. Nasıl, daha iyi hissettirdi değil mi? Ne yazık ki bizim alanda da yabancı hayranlığı devam etmektedir. Yurtdışından çağrılan değerli hocalar ülkemizde çalışma yapmaktalar ancak gerek dil gerekse de kültürel bilmezlik çalışmaların etkilerini azaltmaktadır. Nasıl ki biz kutsanma kelimesiyle bağ kuramıyorsak, onların da doğal olarak berdel, beşik kertmeliği, yüzgörümlüğü, gelin bohçası, gerdek gecesi gibi bize özgü, onların dilinde karşılığı bile olmayan ve bizi doğrudan etkileyen olgularla bağ kurmaları olanaksızdır. Ben yine de bugüne kadar ülkemize sundukları katkılar için müteşekkirim.

Bu cümleler, otomatik olarak kullanılmaz. Bunlar, enerji alanında bariz değişiklikler yaptığında, iyi seçilmiş olurlar. Ardından, temsilciler rahatlar ve alandaki yük hafifler. Doğru ve uygun olmadıklarında, etki yapmazlar. İyileştirici cümlelerin özü sistemik enerji alanının ihtiyaç duyduğunu, ona vermektir. Eskilerin tabiriyle -bir manada- "malumun ilamıdır". Alan açısından, "olanı kabullenir". İyileştirici cümlelerin içtenlikle söylenmesi gerekir. Ruh düzeyinde, onlar kesinlikle doğrudur. Anlamı açısından derin bir saygıyla ifade edildiklerinde, en derin duygular ego düzeyinde filtrelenir ve yeni bir vizyon ortaya çıkar. Temsilciler ve gözlemciler de bu iyileştirici cümlelerden yararlanacak şekilde etkilenirler.

Dizimlerdeki Bazı Sembolik Konumlar

Aile Dizimi'nin dünya çapında bilinen adı "The Family Constellations Work"tür. Constellation, takımyıldız anlamındadır. Yıldızlı bir gökyüzünün karanlık bir gecede gözlemlenmesi, ilk bakışta çok büyük bir düzensizlik izlenimi uyandırır. Görebildiğimiz, göremediğimiz, daha parlak-daha sönük binlerce yıldız vardır. Ancak düzensiz sandığımız bu görüntüler içinde muazzam bir düzen vardır. İşte Aile Dizimi de ismini buradan almaktadır. Her aile de kendi içinde bir sistemdir ve sistemde olduğu gibi çeşitli parçalar bir araya geldiğinde bir bütün oluşturur.

Sistemik kurama göre: Bir parça kendisini oluşturan parçaların toplamından fazladır. Bağlantısal Bütünsellik ve Gestalt

Psikolojisi yine Hellinger'in etkilendiği alanlardandır. Gestalt, Almanca, "alan-bütün" demektir. Bu kurama göre, birey, bütünü parçalarına ayırarak değil, bütünlük içinde algılar. Örneğin "k-a-l-e-m" ayrı ayrı bir anlam taşımazken, "doğru sıralama"yla bir anlam kazanır.

Biz de Aile Dizimi'nde, alanda, danışanın o anki konusu üzerine bazı temsilciliklerle oradaki düzeni görmeye çalışırız. Temsilcilerin yüzlerini döndükleri yön ve konumları önemlidir ve sorunun temeline işaret ederler. Mutlak kurallar yoktur ama danışmanların izledikleri belli işaretler vardır.

Örnek vermek gerekirse, birbirlerine sırtlarını döner şekilde veya birbirine fazlasıyla yakın yerleşen ebeveyn temsilcileri, ilişkilerinin mesafeli veya bunaltıcı olduğunu gösterir. Yere bakan temsilciler genellikle, ölmüş birine bakıyorlardır. Bazen, temsilciler yere uzanmak isterler, yere uzanma, ölü birini temsil etme işaretidir. Bununla birlikte, hayattaki birinin temsilcisi yere uzandığında, o kişinin, belki de daha önce ölmüş birinin ardından, ölmek istediğini gösterebilir. Temsilciler gruba sırtları dönük olarak yerleştiğinde, terk etmeyi istediklerinin, belki de ölmek istediklerinin işaretidir.

Uygulayıcının tecrübesi, dikkati ve repertuvarı bu hareketleri yorumlamak üzerinedir. Alan gözlemi ve alan hâkimiyeti yüksek danışmanlar için oldukça akıcı bir deneyimdir. Bir de anadiline hâkimse işte o zaman orada gerçekten, basit ve etkili bir uygulamadan söz edebiliriz.

Dizimlerde Ölü

Aile Dizimi alanındaki temsilcilerin hareketlerinden biri de yere uzanmadır. Profesyonel danışmanlar olarak bu hareketleri nasıl gördüğümüzü ve yorumladığımızı anlamanız için örnek olarak vermek istedim. Bu çoğunlukla bir ölüyü, bir ölümü işaret eder bize. Dizime bu yönde bir derinlik kazandırır ve biz de peşinden gideriz.

Yeri gelmişken, Aile Dizimleri, ölümün göreceli olduğunu bizlere gösterir. Diriler ile ölülerin dünyaları birbirlerinden tamamen ayrı değildir. Ölmüş atalar ve genç yaşta ölen çocuklar ailenin enerji alanını etkiler; aynı etki, ölü veya diri olsun, failler ve mağdurları için de geçerlidir.

Bazı ölüler huzur içindeyken, bazıları değildir. Ölü, kabullenilme, saygı gösterilme ve ardından yas tutulmasına ihtiyaç duyar. Dizimde çalışma, ölüye huzur verebilir. Buna bağlı olarak, diri de huzura erer.

Aile Dizimi'nin Faydaları

Danışanların, Aile Dizimleri'nin kurulması ve çalışılmasından fayda gördükleri açıktır. Temsilci ve gözlemcilerin daha az yararlandıkları gibi genel bir yanlış anlama vardır, bunu düzeltmek isterim.

Aslında dizimler danışan, temsilci ve gözlemciler için aynı ölçüde değerlidir. Şaşırtıcı gelebilir ancak evrensel deneyim böyledir. Aile Dizimleri danışanlara, temsilci ve gözlemcilere yaşam ve ilişkiler hakkında çok derin ve deneysel düzeyde bilgi edinme şansı verir. Temsil etme ve gözlemleme, bizlere dizimimizin yapılması kadar derin bir yaşam deneyimi sunar. Sadece kendi dizimlerinin yapılması için gelen danışanlar, faydanın büyük kısmını kaçırırlar. Temsil etme ve gözlemleme, danışanlar olarak dahil olma becerilerimizi artırır ve dizimin enerji alanındaki deneyim, yaşam ve ilişki becerilerinde eğitim almadır.

Danışan ve Aileleri Açısından Faydalar

Danışanların hikâyeleri vardır. Aileleri hakkında her zaman anlattıkları hikâyeler: Babaları şöyleydi; anneleri böyleydi, öyle ya da böyle acı çektiler... Ailelerindeki iyi ve kötülerin kimler olduğu şeklinde tanıdık bir resim ile gelirler. Bu hikâyelerini yüzlerce kez anlatmışlardır ancak bunları anlatmaları, onlarda büyük değişiklikler yapmamıştır. Bu hikâyeler, ruhsal düzeyde asla doğru değildir.

Aile Dizimleri, danışanları bu kısırdöngüden kurtarır. Ailelerinin enerji alanına hükmeden kuralları keşfederler. Çeşitli aile üyelerinin, kendi seçimleriyle değil de nasıl belli şekillerde istemeden davrandıklarını deneyimlerler. Ve dizimin sonunda, zaman içinde yaşamlarına ve aile enerji alanlarına süzülüp giren bir iyileşme görüntüsü ile kalırlar.

Tüm aile enerji alanını etkilediğinden, sadece onu kuran kişi değil, aile üyelerinin tümü üzerinde dizimin etkisi vardır.

Temsilciler İçin Aile Dizimi'nin Faydaları

Temsilciler bir şahsın (danışanın annesi, babası veya çocuğu; bir mağdur, bir fail vb.), soyut bir kavram veya varlığın (ölüm, yaşam, bir ülke, vb.) yerini alır. Danışman veya danışan tarafından seçilirler. Temsil için kimin seçileceği önemli değildir. Genellikle, erkeklerin erkekleri, kadınların kadınları temsil etmesi daha iyidir. Bununla birlikte, her iki cinsten katılımcılarla oldukça zengin bir grupta, danışanın bir kadını temsilen bir erkeği veya aksine seçim yaptığı durum haricinde, gerçekten fark yapmadığını anladım. Bu durumda, seçim önemlidir.

Danışmanlar seçtiğinde, temsil edilen kişilerin nasıl göründüğünü bilmediklerinden, etkilenmezler. Danışanların, temsil edilen kişiye bir şekilde benzeyen temsilciler seçmesi muhtemeldir. Bazen, bu esrarengiz/tekinsiz olabilir. Bir keresinde, kesinlikle benim başıma gelen gibi, dayısı intihar eden birini temsil etmek üzere seçilmiştim. Böylesi tevafuklar sık sık olur.

Alana yerleştirildikten sonra, temsilciler bireysel aile üyelerinin hissettiklerini hissederler. Bu durum, danışanlara tanıdık gelebilir de gelmeyebilir de.

Hizmet Olarak Temsil Etme

Temsil etmede kullanılan genel ifade, "hizmet sunma"dır. Temsilciler, aile enerji alanına teslim olup, kendilerini yönlendirmesine izin vererek, ona hizmet ederler. Kendilerine enerji alanından gelen duygu, düşünce ve hislere izin vererek, temsil ettikleri kişilerin acı ve ıstırap, hastalıklar, ihtiyaçlar, sevgi ve korkular, sevinç ve üzüntülerini hissederler. Bunlar genellikle, temsil edilen kişinin hissedemediği duygulardır. Temsil etme hoşa gitmeyecek şekilde olduğu kadar, hoş bir deneyim de olabildiğinden, hizmet kavramı çok gerçektir.

Temsilciler, yaptıkları ve söyledikleri vasıtasıyla veya daha sonraki aşamalarda alanın kendilerini hareket ettirmesine izin verme şekliyle, danışman ve danışana bilgi verirler. Temsil etme, gerçekten kutsal bir görevdir. Katılımcılar çalışmadan ayrıldıklarında tuhaf bir tevazu duygusu, açık bir kalp, bir miktar yorgunluk ve genellikle çok daha iyi hissederler...

Gözlemci için faydalar

Gözlemcilerin görevi, dizimin onların dikkatleri ile oluşturduğu enerji alanına tutunmak ve sürdürmektir.

Bir bakıma, gözlemci bedavadan fayda elde eder. Yıllar önce, Hellinger'in yönettiği büyük bir atölye çalışmasında ne danışan ne de temsilci idim. Derin saygı ve son derece sevgi dolu arındırıcı bir atmosferde en derin insani dramların ortaya çıkışını ve çözümlerinin bulunmasını izleyerek ve insan yaşamının ruh düzeyinde nasıl çalıştığını öğrenerek geçen üç gün sonunda; öylesine özgürleşmiş hissettim ki. Tek yaptığım şey, dikkatle izlemekti...

Duygular

İnsan, duyguları ile var olan bir canlıdır. Bu nedenle de insan hayatında duyguların çok büyük bir önemi bulunur. Duygular davranışların düzenlenmesinde önemlidir, birey için pozitif duygular kadar negatif duygular da gereklidir. Aile Dizimi'nde biz, üç tür duygu arasında ayrım yapmaktayız: Birincil, ikincil ve varsayılan duygular. Bunlar terapötik süreç için kriter olarak kullanılır. Benzer bir gruplama duygu odaklı terapide de yapılmakta olup birincil duygular anahtar bir etmen olarak kabul edilirken, ikincil duygular genellikle savunma ve baş etme stratejileri olarak görülür.

Esas ve ikincil duyguların Aile Dizimi'ndeki yeri

Esas sevgi, çocuğun ailesi için hissettiği tüm sevgi duygularıdır. Bu esas sevgi ebeveyn ve çocuk arasındaki temeldir ve ilişkilerden, eylemlerden ve olaylardan etkilenmez. Bundan kaçınılamaz ve istesek de istemesek de etkisi vardır. Hellinger, yüzeye gelen güçlü duyguların neredeyse her zaman başka bir duyguyu, yani çocuğun annesi ve babası için "birincil sevgisi"ni örtmek için kullanıldığını fark etmiştir. Kızgınlık, öfke, üzüntü ve umutsuzluk duygularının küçük bir çocuğun babaya veya anneye olan erişim çabasının kesintisinin neden olduğu "acı"yı gidermeye yaradığını anlamıştır.

Örneğin bir çocuk ebeveynini yitirdiğinde ya da geride bırakıldığında (Almanya'ya işçi olarak giden ailelerde sık rastladığımız) keder hissetmez. Onları hâlâ seviyor ve bağlıdır da. Onun yerine öfke geçebilir. Bu da bir zaman sonra kaygıyla yer değiştirecek ve çocuk ilerideki tüm ilişkilerinde geride bırakılmanın-terk edilmenin yakıcı acısını bir daha deneyimlememek için kaygı duyacaktır. Kaygılı bağlanan bireylerde genelde böylesi bir travmaya denk geliriz.

Temsilciler de temsil ettikleri erkek veya kadın şahsın yerini alarak, onların derin duygularını hissederler. Temsilciler, birçok duyguyu hisseder. Esas duygular dingin, yoğun ve son derece içtendir. Bunlar, en derin ıstırap noktası ve acıların tam odağıdır. Dizim çalışmasına güzellik katar ve dizimi çözüme götürürler. Esas duygular hissedildiğinde, rol yapma olmaz.

Aile Dizimi, ruhun aklına bir yolculuktur ve ruh, kendini hareketler vasıtasıyla görünür kılar...

İkincil duygular birincil duygulara kıyasla daha kalıcıdır ve oldukça savunmacı duygulardır. Hissettiğimiz ilk duyguya karşı bir tepki niteliğinde ortaya çıkarlar: Korktuğumuz için öfkelenir, birine öfkelendiğimiz için utanırız gibi... İkincil duygular, kaçış amaçlıdır. Bunlar rol yapmanın birer ifadesi olup, dramatik ağlama, kendine acıma ve benzerleridir.

Alana dahil olan kişinin ellerini bağlamaması istenmelidir. Zira nasıl ki sosyal hayatta kapanma anlamındaki bu jest pekâlâ Aile Dizimi alanında da enerjiyi bloke etme, hissetmekten kaçınma olarak karşımıza çıkabilir. İkincil duygular ve aktarım, dizimleri çözüme ulaştırmaya hizmet etmezler.

Örneğin bir adamın eşi, adamın istememesine rağmen kürtaj olmuştu. Adam, alınan çocuğu ya da eşini görmüyor, sadece "kendine acıma duygusu"na gömülüyordu. Kendine acıma, mazeretler ve açıklamalar zayıflayan duyguların bilindik yollarıdır. Hellinger, bu ikincil duyguların üzerinde durmaz, çünkü bunlar sorunun özünü oluşturmazlar. Sadece çözüm yolunda dururlar. Bu duyguların kesintiye uğramış sevgi olduğunu anlarsak, yüzeysel hislere saplanmayız, ancak sevginin hakiki hareketini yeniden oluşturmak için çalışabiliriz.

Varsayılan duygular ise sistemik karışıklıkların net bir resmini sunar. Özdeşim kurmada, duygular bilmeden başkasından alınır ve olduğu gibi durumla ilgisi olmayan bir başkasına yönlendirilir. Bu şekilde, sistemik dengesizlik, önceki nesillerden çözülmemiş ilişkilerin alınarak mevcut ilişkilere aktarılmasına neden olur. Aslında tüm bunlar sisteme hizmet etmek için aktarılır. Ancak yine de bir denge oluşmaz ve duygular, bu ya da başka bir biçimde gelecek nesillere aktarılır.

Danışanlar Nasıl Seçilir?

Danışan olarak seçilmenin ve Aile Dizimi'nin kurulmasının ayrıcalığı, farklı yollarla kontrol edilmektedir. Hellinger, danışanlarını genellikle, belli bir atölye çalışmasında araştırdığı ve öğrettiği temaya göre seçer. Bunlar, eşlerin ilişkileri, fiziksel hastalıklar, mağdur ve faillerinin ilişkileri, ülkeler ve gruplar arasında barışın nasıl gerçekleşeceği ve benzerleridir. Hellinger'in gruplarında tüm katılımcılar aynı ücreti öder ve dizim yapılacağı zaman çalışmak isteyen var mı diye sorar. El kaldıranlar arasından birini seçer ve yanına davet eder.

Diğer gruplarda katılımcılar, herkesin diziminin kurulması için yeterli zaman olmadığını bilerek gelirler ve dışta bırakılma riskini alırlar. Bu yöntemin mahzuru, katılımcıların danışan olmak için birbirleriyle yarışabilmeleridir.

Danışan seçmenin diğer yolu, onlara daha fazla vazife vermedir. Temsilci olarak görev alma zevki veya sadece gözlemek için gelen katılımcılar daha az ücret öder. Bu yöntemin de mahzurları var. Danışmanlar açısından Aile Dizimi çalışmasının esası, dizim içindeki enerji ile olduğu kadar, bireysel ve grup enerjisi ile de kendini gösteren enerjiyi takip etmek ve onun tarafından yönlendirilmektir. Bir kişinin enerjisi belli bir seviyede olduğunda, o kişi çalışmaya hazır hale gelir. Danışmanlar, sadece daha fazla ödeme yapanlarla çalışmak zorunda olurlarsa, enerji kendini gösterdiğinde onu izleme ve o anda en fazla çalışma ihtiyacı duyanla çalışma konusunda daha az özgürdürler.

3. BÖLÜM

AİLE SİSTEMLERİNİN ANAYASASI

Şimdi gelin burada Aile Dizimleri'nin anayasasından bahsedeyim size. Bu kuralları içselleştirmek uygulayıcılar için olduğu kadar danışanlar için de faydalı olacaktır kanaatindeyim.

Bir aile, bir enerji alanıdır. Bunu, bir ağla kıyaslayabiliriz. Ağ bir yerinden hasar gördüğünde, onun çevresindeki alan da zayıflar. Ağın güçlü kısmı, çevresindeki alanı güçlü kılar. Ağın kumaşı, bireyin dışındaki değerlerdir. Aile, enerji alanı talepte bulunur, her türlü zarar verici durum, bir noktada telafi edilme ve cezalandırılma gerektirir. Sonraki nesiller, güncel ve eski aile üyelerinin kendilerine yapmadıklarının karşılığını ödeyeceklerdir. Ağın kendisi, şahsi değildir. Aile Dizimleri, değerlere saygı gösterilmeyen durumları ortaya çıkarır ve çözüme giden yolu gösterir.

Herhangi bir birey için, en etkili aile enerji alanı kısmı esas olarak, kendisi veya eşi, çocukları, kardeşleri, ebeveynleri, ataları ile hala, teyze, amca ve dayılardan oluşur. Önceki ilişkilerden olan çocuklar, aynen eski eşler gibi, alana dahildir.

İlk 3 Yasa

Aile Dizimleri anayasası diye bir şeyden söz ediyorsak, o halde değiştirilemez ve değiştirilmesi teklif dahi edilemez ilk 3 kural şunlardır:

Aidiyet - Düzen - Ahenk

İnsanlar arası ilişkiler karmaşıktır. Bazı durumlarda da bizi sınırlar. Burada temel ihtiyaçlardan söz etmek gerekirse:

Bağ kurmak için aidiyet ihtiyacı,

Sıra/düzen için sosyal güvenlik ve öngörülebilirlik ihtiyacı,

Ahenk için verme ve alma arasındaki dengeyi sağlama ihtiyacı gelir.

Aile sistemi içerisindeki "sevginin saklı simetrisi"nin akışında bir tıkanma olduğunda -bunu yukarıdan aşağı doğru akması gereken bir şelale gibi düşünürsek- sistemin üyeleri beslenemezler. Böylece artık ailede huzursuzluk başlar.

Diğer bir deyişle bir aile sisteminde bilhassa kardeşler arasında geçimsizlik varsa bilin ki orada sevginin akışında dengesizlik vardır. Huzursuzluk herkesin deneyimlediği ancak bir türlü çözemediği büyük bir sorun haline gelir.

Şimdi gelin birlikte bu yasaların neler olduğunu ve nasıl işlediklerini inceleyelim biraz.

Aidiyet

Bir aileye doğan herkesin ait olma hakkı vardır ve bu, alana zarar vermeden onlardan alınamaz. Aile üyelerine bu hak verilmediğinde, sonraki nesillerin üyeleri onlarla aynı duruma düşer ve aidiyetlerini kaybetmelerine neden olan davranışı tekrarlarlar. Örneğin toplumumuzda çok sık rastlanan vakalara örnek vermek gerekirse, cinsel eğiliminden ya da sevdiği kişiyle evlenmek arzusundan dolayı ailesinden dışlanan kişiler vardır. Bu hem sistem hem de onlar için bir kırılmadır. Dışlanan kadar dışlayanın da alanında bir şeyler olur. Dışlanan her üye -zamanla- sistemin en güçlü üyesine dönüşür.

Gelin bir pratik yapalım.

Şimdi bir düşünün, siz veya bildiğiniz bir kardeşiniz ya da akrabanız aileden kovuldu mu? Sebebi ne olursa olsun dışlandı ya da hiç kabul görmedi mi? Bu listeyi muhakkak oluşturun çünkü bir gün işimize yarayacak...

Sıra/Düzen

Her ailede tek bir doğru sıra vardır. Bu sıra eğer doğru şekilde kurulduysa ve korunduysa herkese huzur verir. Üyelerin sistemden memnuniyet duymasını sağlar. Ancak bunun bir kuralı vardır. Buna evrensel hiyerarşik düzen diyoruz. Burada sırayı zaman belirler ve "İlk gelen öncedir" kuralı aranır. Diğer bir deyişle önce gelenlerin sonra gelenlere önceliğinin olmasına dayanır. Bu anlayış, aynı zamanda önceki evlilikler veya nişanlılıklar gibi ebeveynlerin sahip olabileceği önemli ilişkilerin bu şekilde kabul edilmesi gerektiğine de işaret eder. Düzen aynı zamanda nesiller arasındaki ayrılığa saygı duyulması gerektiği anlamını da taşır. Kardeşlerin doğum sırasına saygı duyulmalıdır.

Adler, doğum sırasının çocuğun kişiliği ve davranış kalıpları üzerinde etkisinin olduğunu öne sürer. Buna göre ilk doğan sonraki doğanlardan önceliklidir. Bu sıranın korunması gerekir. Ailede ne olursa olsun hiç kimse dışlanamaz ve hiçbir üye sistemdeki haklı konumunu reddedemez. Bir sıra bozulursa, aşağıdaki nesiller bunu telafi etme görevini üstlenecektir. Duygusal bozukluklar ve psikosomatik hastalıklar aile sırasındaki bozukluktan kaynaklanabilir.

Sıra/düzen savaş gibi dış güçler tarafından ya da ailedeki bir üyenin dışlanması ya da kınanması gibi faktörlerce bozulabilir.

Katıldığım neredeyse tüm çalışmalarda dışlanmaya kimsenin toleransının olmadığını gördüm. Eğer aile içinde şiddet, intihar, cinayet, düşük, ana baba rollerinde uygunsuzluk gibi bir sebeple sistemde bir bozulma veya aile sıralamasında bir kopma olursa, bundan aile fertlerinin hepsi, hatta etkisinin derinliği oranında gelecek kuşaklar da etkilenir. Ve bu dengenin bozulması nesiller boyu devam edebilir.

Şimdi düşünün, siz kaçıncı sıradasınız?

Biraz daha yardımcı olayım isterseniz. Diyelim ki şöyle bir sistem var: Sırasıyla baba, anne, kız çocuk, kürtaj, kız çocuk, erkek çocuk. Bu, 6 kişilik bir sistemdir. Eğer size diyelim ki son çocuksunuz, kaçıncı sırada olduğunuz sorulduğunda ben beşinciyim derseniz, aradaki bir potansiyel kardeşi sınır dışı etmiş sayılırsınız.

Bir başka örnekte de diyelim ki siz ailenin en küçük çocuğu olarak yaşamda daha etkin, daha başarılı ve daha varlıklı biri oldunuz. Eğer sevgiyle dahi olsa sizden büyük olanlara sürekli maddi-manevi yardımda bulunuyorsanız yine sıra düzenini bozuyorsunuz demektir. Siz istemeseniz dahi, bu görev size tevdi edilse bile yine kayıtsız kalamadığınızda yine sıra düzenini ihlal etmiş oluyorsunuz. Bu durumda sorumlu sadece siz olmazsınız ama yine herkes kendince bir hasar alabilir. Daha da açmak gerekirse sıra düzeni bozukluğu aile trajedilerine, ciddi kazalara ve intihara sebep olabilir. Yukarıdaki örneğe devam edersek, küçük çocuk sırayı bozup kendini büyük çocuk yerine koyarsa, bilinçsizce yaşamında başarısız olma dürtüsüyle tepkiler verebilir, sürekli talihsizlikten yakınabilir ve böylece mutsuz olur...

Ahenk

Ailedeki doğal sıra, ebeveynin vermesi çocuğun alması şeklinde akış göstermelidir. Buradaki yasamız, büyük küçüğe daima verir. Küçük büyükten daima alabilir. Ebeveynler çocuklarına en büyük hediyeyi, yaşamı verirler. Çocuklar, kendileri ebeveyn olduklarında, ebeveyninin hediyelerini devam ettirirler. Sevgi, ebeveynden çocuklara ve onların da çocuklarına akar.

Öyleyse, çocuk ebeveyninden yeterince iyi alabilirse, ilerleyebilir ve o da kendi çocuklarına yeterince verebilir. Ebeveynlerin çocuklarına vermesi demek, sevgi, kaliteli vakit, bütçe ve desteklemedir. Çoğunlukla bu konuda arıza meydana gelmektedir. Ebeveynin, veremeyecek kadar az şeyi de olabilir, olsa dahi esirgeyebilir. Burada çocuk yeteri kadar alamamış olacaktır. Ya eksiğini başkaca şeylerle kapatmayı seçecek ya da kaderine rıza gösterecek ve içine kapanacaktır...

Ancak bazen çocuğun ebeveynlerine dikkat etmesi/ebeveynleriyle ilgilenmesi gereken durumlar olabilir. Çocuklar her ne kadar bunu çoğunlukla severek dahi yapsa bu durum onlarda büyük bir yük oluşturur. Bu yükün etkileri bağımlılık ve şiddetin olduğu ailelerde daha net görülebilir. Çocuk bu yük ile çok erkenden büyüyüp olgunlaşmak zorunda kalabilir.

Eşlerden birinin daha çok verip karşılığında çok az alması da sorundur, böylesi bir al-ver döngüsünde ilişkinin sürmesi zordur. Buna burada derinlemesine değinmeyeceğim, bu daha sonraki kitabımın konusu olacak.

Yine bir egzersiz yapalım isterseniz. Şimdi kendi vicdanınızla, samimi şekilde kendinize sorun: Ebeveynimden neler aldım? Ne kadar aldım? Kardeşlerimin aldığından az ya da fazla almış olabilir miyim? Bu notları da lütfen saklayın, ileride yine bir Aile Dizimi çalışmasında işinize yarayacak...

Ancak hatırlayın ki yukarıda da bahsettiğim üzere, burada mesele onları eleştirmek değil, olanı, olduğu haliyle belirlemek ve kabul etmektir. Lütfen egzersizleri yaparken buna dikkat edelim.

Saygı ve Onurlandırma

Ebeveynimiz dahil, atalarımızı onurlandırma kuşkusuz onların hakkıdır. Onlara göre, bizler sadece çocuğuz ve saygılı çocuklar olarak davranmalıyız. Bu, onlara kendi yetişkin sorunlarını halletme konusunda güvenmemiz demektir. Had bilmez olmamalı ve bunları kendi üstümüze alabileceğimizi düşünmemeliyiz. Örneğin, bir evlilikte mutsuzluk olduğunda, bir çocuk ebeveyninden biri veya diğerini mutlu etme yükünü sırtlanacaktır. Bir dizimde genellikle, çocuktan ebeveynine *"Sizler yetişkin, bense çocuğum. Ben küçüğüm, siz büyüksünüz"* demesi istenir. Bazen, danışan dizlerinin üstüne çökerek, onların önünde gerçekten küçük olduğunu hissedebilmek ister. Gücünün ötesinde üstlendiği yetişkin yüklerini attığında, büyük bir rahatlama hisseder.

Ebeveynimizi ve atalarımızı eleştirmek veya kendimizi bir şekilde onların üstünde görmek, bizim için doğru değildir. Onların da bizlere arkadaşları olarak muamele etmesi aynı derecede uygunsuzdur. Ebeveyn, ebeveyndir. Arkadaş değildirler ve olmamaları da gerekir. Çocuklarına söyledikleri, arkadaşlarına söyledikleri ile aynı olamaz. Yetişkinler arasında olan birçok şey çocukları, hatta yetişkin çocuklarını bile ilgilendirmez. Son yılların ideali çocuklarımıza arkadaş ve eşitimiz gibi muamele etmek ve onlarla her şeyi –yetişkin sorunlarımız dahil– paylaşmak isteyenler için ebeveyn rolünü eksiksiz taşımanın öneminin kavranması bir aydınlanmadır.

Ailemiz ve atalarımız bizim içimizde yaşamaktadır. Aralarında erken ölümler olmuşsa, genellikle bir dizimde onlara şöyle söyleriz:

"Seni seviyor ve saygı duyuyorum ve her zaman kalbimdesin. Bende yaşıyorsun ve hayatımı senin onurunla sürdüreceğim."

Kurban ve Faillerin Vakası

Aile Dizimleri, birbirleriyle ilişkili mağdur ve failleri de gösterir. Bunların arasındaki bağ, içine doğdukları aile içinde onları bir arada tutan bağdan daha güçlüdür. Mağdur ve failler uzlaşmadıkları zaman, sonraki aile üyeleri sorun yaşarlar. Mağdurlar ve failler arasındaki ilişki, intikamın anlamsızlığını gösterir. Aile Dizimleri'nde, ruhsal düzlemde gerek failin gerekse de kurbanın dinamiklerini gördüğünüzde şaşırmamanız elde değildir.

Ben de deneyimledim

Bu kuralı ilk deneyimlediğimde adeta kanım donmuştu. Zira rahmetli anneannem hayattaki sevgisini en çok hissettiğim büyüğümdü. Doğal olarak bir sevgi alanımız vardı. Her ne kadar ağabeyimin bir manada ikame annesi olsa da –ilkokula onların yanında gitmişti– anneannem beni de severdi. 15 Ocak 2003 günü Bakırköy'de karşıdan karşıya geçerken hatlı minibüsün altında kalarak vefat etti. Bu başlı başına sistemimiz için bir şey ifade ederken ilaveten bizi onun katiliyle de ilişkilendirdi.

O zamanlar elbette ki kaybımızın acısıyla ölümüne sebebiyet veren kişinin en ağır şekilde cezalandırılmasını istiyorduk. Olay sıcakken bize "kan parası" teklif edildi, malumunuz karşılığında davamızı çekmemiz koşuluyla. Elbette ki böyle bir şeyi kabul etmememize rağmen yargılama göreceli olarak hızlı sonuçlanmış, şoför salınmış ve mahkeme de müteveffa kişinin yaşının da dikkate alınarak komik denecek ölçüde bir tazminat ödenmesine karar vermişti. Hepimizde ciddi bir hüzünle birlikte adaletsizlik hissi vardı. Kim bizi yargılayabilir ki, öyle değil mi?

Ancak ne yazık sonradan öğrendim ki bizim hayatımızda unutulmayacak büyüklükte bir şeye sebep verdiği için artık şoför de bizdendi. Kurban-fail ikilemi oluşmuştu hiç tanımadığımız biriyle aramızda. Bunun bir dizimini yaptım bir gün ve kaderi yani daha büyük resmi tevazuyla içimize almaya başladığımızda rahatladık. Ailemin üzerinde uzun bir süredir var olan borç yükü ve paraya ulaşımdaki güçlükler zaman içinde kalktı. Biri bana o zamanlar bunu söyleseydi ben de buna itiraz edebilir, hatta gülebilir ve belki de saldırgan bir tavır sergileyebilirdim. Bazen affetmeyle ilgili bazen bir kaderi kabul etmekle ilgili çalıştığımda danışanlarımın yargılayıcı bakışlarına maruz kalırım. Bununla ilgili sosyal medya yayınlarımın altında hakaret mesajları alırım. Kimse bilmez, benim de anneannemin katilinin gözünün içine bakıp onunla yüzleştiğimi ve onu kendi kaderine bıraktığımı...

Suçluluk ve Masumiyet

Suçluluk ve masumiyet duyguları, kendi vicdanımızdan gelir ve sosyal şartlandırılmamızla ilgilidir. Ahlaki değerler olmak zorunda değildirler. Önemli gruplara aidiyetimizi güvenceye alacak şekilde davrandığımızda masumiyet hissi duyar, onu tehlikeye atacak şekilde davrandığımızda ise suçluluk hissederiz. İlişkisi olan bir kadın, oluşturduğu aileye –kocası ve çocuklarına– aidiyetini tehlikeye atar ve suçluluk duyar. Bir mağduru faillerden saklayan direniş hareketindeki bir kişi, ülkesine aidiyetini tehlikeye atar ama masumiyet hissi duyar.

Hellinger, "Suçluluk ve masumiyet, iyi veya kötü ile aynı değildir" diye ifade etmiştir. Aidiyetimiz ve bir anlaşma ile hayatta kalmamız sağlandığında, kötülükler vicdan rahatlığı içinde yapılır.

Affetme, Gönül Alma ve Barışma

Affetme, özellikle ebeveynlerimizi affetme konusu, terapide moda haline geldi. Ama bunu yapamayız. Buna gücümüz veya hakkımız yok. Bizler affetmeyi, kendimizi onların üstünde görmenin bir yolu olarak kullanırız ki bu durum sistemik vicdan düzeninin kurallarına karşıdır. Hellinger, bunu "mağrurluk" olarak adlandırır.

Birini "affettiğimiz" zaman, kendimizi onlardan daha iyi yaparız. Affetmenin gerçekten iyileştirici olması adına, uygun kefaret talep etmek için verme ve alma hesabına uymak ve karşımızdakine yeterince saygı göstermek zorundayız. Bu şekilde, suçlu kişi saygınlık ve vakarını korur. Gücenmiş bir kurbanın nasıl acımasız olabileceğini hepimiz biliriz. Karşısındakine de acı çektirerek, kurbanlar daha iyi oldukları fikrinden vazgeçerler ve uzlaşma mümkün olur. Canımız yandığında, biz de can yakmak zorundayız, ancak bunu doğru bir şekilde ve sevgiyle yapmalıyız. Kabahatinden dolayı çocuğunu cezalandıran bir anne bunu sevgiyle yapar ve sevgiyle, çocuğun cezasının hepsini vermez.

Biri bize kötülük yaptığında bizim de onun canını yakma hakkımız vardır. Ama biz biraz daha az yakmalıyız ki içinde sevgi barındırsın...

Bağların/İlişkilerin Önceliği

Sistemik vicdanın, ilişkilere hükmeden sağlam kuralları vardır. Öncelikle, kökümüz olan aileye aitizdir. Ailemiz; esas olarak ebeveynimiz ile onların ebeveyni, kardeşlerimiz ve hala, teyze, amca, dayı dediğimiz, ebeveynimizin kardeşlerinden oluşur.

Kendi ilişkimizi başlatmak üzere ailemizi terk ettiğimizde, yeni ilişkimiz öncelik kazanır.

Her yeni sistem eskisinden önceliklidir.

Önce eşimiz ve sonrasında o ilişkiden doğan çocuklar gelir. Yeni biriyle cinselliği paylaşma, genellikle, önceki ilişkinin bittiği anlamına gelir. İlişkimiz sona erer ve bir başkasıyla başlarsak, bu durumda yeni eş ve ilişkimiz öncelik kazanır. Ancak, eski ilişkinin çocukları önce gelmiştir ve öncelikleri devam eder. Eski eşlere saygı gösterilmelidir, çünkü onlarla olan ilişkimizde, şu anda olduğumuz kişi olduk. Bu önceliklere dikkat edilmediği zaman, çocuklarımız onların aidiyetini kabul etmeyen kişilerle sorun yaşar ve davranışlarını ona göre değiştirirler.

Kötü Denge

Sistemik vicdan, verme ve alma dengesinin korunmasını ister. Dengenin kurulması için, sevgiyle kefaret talep etmektense, bir eş kurban rolüne sarıldığında, sonraki nesilden biri işe karışır ve onun yerine davranmaya başlar.

Aile sistemi, bütünlük arar. Aile üyeleri dışlanır, yok sayılır, unutulur, kabullenilmez veya onlar için yas tutulmazsa, birkaç nesil sonra bir başka aile üyesi onların yerini alarak, dışlanan kişinin kimliğiyle tanımlanır hale gelir ve o kişinin yerine çekilir. Sistemik adalet, şahsi olmayan enerji alanı tarafından dayatılan kör bir adalettir. İyileşmeye bir yol bulununcaya kadar, sistemik dengesizliği sürdürür.

Aile enerjisinin bir ağ olduğu benzetmesine göre, kimlikler onarılması gereken ağ içindeki delikler olup, dizimler, bu delikleri onarmanın yoludur.

4. BÖLÜM

SİSTEMİK KARGAŞA

Aile sistemlerimizde meydana gelen karışıklık ve düzensizlikleri anlama zamanı. Aile Dizimi terapisinin esansı diye tabir edebileceğim, aldığımız etkilerin nasıl bir kadere dönüştüğünü görünce belki kendinizden çok şey bulabilecek ve yaşamınızla ilgili bir kördüğümü çözebilme şansına kavuşmuş olacaksınız.

Çocukların ebeveynlerine sevgisi "çılgınlık" derecesinde sınırsızdır. Bu ifadeyi ilk duyduğumda kızmıştım ama bir danışman olarak çalışmayı sürdürdükçe, bunun doğru olduğunu daha iyi anladım. Çocuklar, ebeveynleri için her şeyi yapacaklardır. Ölürcesine sadıktırlar. Atalarının suçlarının kefareti için kendilerini kurban ederler ve böylelikle aile sistemleri tekrar dengeye kavuşabilir. Anne babalarını bir arada tutmak için sorunlu hale gelirler. Ebeveynlerinin yerine, hasta olup, ölürler. Kendilerini, seks partneri olarak ebeveynlerine sunarlar. Bu fikir oldukça can sıkıcıdır ancak bu bilinç seviyesinde olmaz, sistemik bilincin hafızasında dolandığımızı hatırlatmak isterim.

Özdeşim Kurma

Özdeşim, kendinden (self) başka bir nesne (object) ile bir oluvermeye verilen bir psikolojik terimdir. Freud, özdeşimi öznenin başka bir özneye ait olan bir özelliği kendisininki olarak benimsediği bir süreç olarak betimlemiştir. Özdeşim, kişinin kendi hayatını yaşamasını engelleyen olaylar ve duygular barındırır. Tıpkı halası, aynı annesi gibi ifadeler sakıncalıdır zira söz konusu kişi sistemden dışlanmış biri olabilir. Özdeşim ile bu dışlanmış ve acı çeken kişinin enerjisini muhafaza eder. Bazen bu isim koyarken bile gerçekleşebilir. Bu yolla kişi artık tam anlamıyla kendisi değildir. Zira Anadolu'da oldukça sık rastladığım, kendinden önce vefat eden kardeşin kimliğini sonra doğana vermek örneğini verebilirim. Hayat yeni, isim eskidir. Öyleyse bu kişi kimdir?

Özdeşimin bir başka sonucu da ilişkinin kesintiye uğramasıdır, çünkü sistemik bir karışıklık ve kesintiye uğramış bir erişim çabası kişinin bir başkasına kalıcı bir bağ kurma ve sürdürme isteğini ve/veya sürdürme yeteneğini etkiler. Çünkü kişi kendisine yabancıdır. Bu durumdaki insanların kolaylıkla bağ kurabildiklerini ya da ilişkileri sağlıklı şekilde sürdürdüklerini pek söyleyemem. Zira neyin yanlış olduğunu bulma çabaları kimlik doğrulanıp çözülmedikçe başarısız olacaktır. Ancak o zaman yeni, pozitif bir ilişki başlayabilir.

Takip Etme

Eğer aile üyelerinden biri ölür-öldürülürse ya da büyük bir talihsizlik yaşarsa, sonradan gelen çocuklar ya da kardeşler kendilerinin de bu talihsizliğe doğru gittiğine dair bir hassasiyet taşırlar. Büyük bir saygıyla toplumumuz için faydalı olacağına inandığım bir görüşümü belirtmek isterim. Şehit cenazelerini genellikle televizyonlardan takip ederiz. İçimiz yanar. Suskunlaşırız. Biraz hüzün biraz öfke duyguları arasında salınırız. Ancak dikkatimi çeken şey, şehidin küçük çocuğunu hem de askeri üniformalarla cenazelere almanın ve asker selamı verdirmenin o çocuk için bir yük teşkil edebileceğidir. Ölümlerin en ulvisi olan şehitlik hem ailesini gururlandırmak hem de babasını takip etmek açısından cazip gelebilir. Umarım bir süre sonra yine televizyonlarda "Tıpkı babası gibi o da şehit oldu" haberleri duymayız. Dünyanın her yerinde barış ve huzurun olmasına niyetle ve şehitlerimize minnetle...

Devralma

Ebeveyn eğer bir başkasını talihsizliğe doğru takip ediyorsa, çocuklar bu noktada ebeveynlerine duydukları sadakatin etkisiyle devreye girebilirler ve bu denge arayışını üstlenebilirler. Dizimlerde bunu karmaşanın sözcüklerinden anlarız. "Seni takip ediyorum" yerini "Senin gitmendense ben giderim daha iyi", "Senin ağır kaderinin önünde tevazuyla ben duruyorum, ben bir çocuk olabilirim ama sen benim ebeveynimsin" şeklindeki ifadelere bırakır. Benzer bir davranış, ebeveynin ayrıldığı ailelerde de görülebilir. Bir çocuk hastalanır, çalmaya başlar ya da okulda başarısız olur, bu da her iki ebeveynin de dikkatlerini yüzeyde bir sorun gösteren bu gösterge hastaya yönlendirmesine yol açar. Bununla birlikte, daha derin bir düzeyde, çocuk kendi iyiliği pahasına bile ailenin dayanışmasını sağlamaya isteklidir.

Dizimde öncelikle sistemik karmaşalar çözülmelidir. Ruhun hareketleri bilinçli zihne getirildiğinde güçlerini kaybetmeye başlar ve çocuğu, ruhunun olgunlaşması için özgür bırakır. Bu olgunlaşma, kör sevginin iyiliği kadar zararlarını da açığa çıkarır. Olgunlaşma, kör sevginin alçakgönüllülük ve merhametle kabul edilmesini sağlar. Genç ruhun başkalarının acılarını ortadan kaldırmak isteyen sevgisi, sevdiklerinin kaderini kabul etmeyi öğrenen ve onları kendi kaderlerine bırakan olgun bir sevgiye dönüşür.

Kesintiye Uğramış Erişim Çabası

Çocuğun duygusal olarak kendini çekmesini ifade eder. Anne veya baba duygusal olarak erişilemez durumdadır. Çocuk, bunu, "verme" eylemi ebeveyn tarafından takdir edilmediğinde hisseder. Görülmemek hissiyle baş etmek zorunda kalacaktır. Bu durum ancak ebeveyninin kendi sistemlerine dolanmış olmaları ile açıklanabilir.

Geldiği sisteme öncelik vermesi ebeveyni mevcut ilişkideki mevcudiyetine engel teşkil edebilir. Örneğin bize göre dayılar-teyzeler ya da amcalar-halalara daha yakın ve mevcutsa ebeveynimiz, biz bir şekilde dışarıda kalmış hissedebiliriz. Önemsiz, değersiz hissedebiliriz. Bir diğer durumda da ebeveyn kendi ailesinden birini takip ediyor olabilir. Sanki kişi, geriye doğru bağlıymış gibidir. Bu yüzden enerji şimdiki zamana akmaz ya da sonraki nesillere (çocuğuna) akmaz. Kişi mevcut sistemdeki ilişkilerinde mevcut değildir yani orada değildir. Çocuk bu nedenle, ebeveynlerine her erişim isteğinde derin hayal kırıklığı yaşar ve nihayetinde kendini duygusal olarak geri çeker. Bu, bir ebeveynin gerçekten kaybıyla meydana gelebileceği gibi, ebeveynden ayrılma veya duygusal yokluğun sonucunda da olabilir. Ancak çocuk, birincil sevgi nedeniyle ebeveynleri için her şeyi yapmaya gönüllüdür. Çocuğun bu girişimleri ebeveyn tarafından reddedilirse ya da onurlandırılmazsa bu sevgi acıya dönüşür.

İhmal edilmiş bir çocuk travmatize olur. Yapılan bir eylem değil yapılmayan eylem yaralamıştır çocuğu...

Aile Dizimleri'nde çoğu duygusal acının temelinde kesintiye uğramış sevgiyi görmekteyiz. Bu acı çocuk için çok yoğun bir acıdır. Bu nedenle çocuk ebeveyne yaklaşmak istemez, onlardan uzaklaşır. Daha fazla acı hissetmekten kendini korumak için tüm girişimleri de geri çevirir.

Sistemdeki aksaklıklar işte böyle nesiller boyunca aktarılır.

Bunları biraz da alt başlıklar halinde incelemek gerekebilir. Yine kendinizden ve ailenizden daha önce bilmediğiniz ya da önemsemediğiniz şeyler fark edebilirsiniz.

"Çılgınca Seven" Çocuklar

Birinin Ölümü İstendiğinde

Bir ölüm bize avantaj sağlayacağı için birinin ölmesini isteyecek olursak, sonraki nesillerden birinde bir çocuk, bizim avantaj elde etmememize çalışacak veya kendisinin ölümünü sunabilecektir. Buna en iyi örnek kan davalarıdır.

Bir Ebeveynin Kardeşi Öldüğünde ve Onu Takip Etmek İstediğinde

Bir kardeşini çok genç yaşta kaybeden bir ebeveyn, bilinçsizce o kardeşini ölümde takip etmeyi isteyebilir. Çocuk, bunu önlemeye çalışabilir.

Kardeşler Genç Öldüğünde ve Ebeveynler Yas Tutmadığında

Kardeşler genç yaşta öldüğünde, bu durum tüm ailenin enerji alanını etkiler. Ölü kardeşlerin arkasından tam bir yas tutulmadıkça, ebeveynlerden biri çocuğunu ölümde takip etmeye çekilebilir. O zaman, çocuklarından bir başkası onun yerine gitmek isteyebilir.

Şimdi oldukça zor bir konuya değinmek istiyorum. Açıkçası ilk başlarda mütereddit hissettim paylaşıp paylaşmama konusunda ancak madem şifalanmak istiyoruz ve de o kadar çok vaka gördüm ki şifa olması niyetiyle paylaşmaya karar verdim. Umarım kariyerimde bir daha hiç bu konuda çalışmak zorunda kalmam!

Ensest

Sistemik psikoterapi, tüm aile ilişkisi sisteminin bağlamını dikkate alır ve huzur bulabilmesi için taciz/suiistimal edilmiş çocuk için neyin en iyi olacağını araştırır. Bert Hellinger şöyle der:

"Ensestin olduğu yerde, genellikle iki fail vardır. Biri açıkta –bu, genellikle erkektir– ve diğeri ise, arka planda gizlenen olup, annedir. Genellikle, anne, kocasından uzaklaşmak ister, kocasıyla ilişkisini keser. Bu durumda, kızları onun yerini alır. Genellikle, ensestin gizli dinamiği budur."

Ensest vakalarında, her zaman çocuk kurbandır; sorumluluk yetişkinlerindir ama bedeli çocuk öder.

Ensest, Hellinger'in Aile Dizimleri çalışmasında en tartışmalı alanlardan biridir; çünkü şu zor soruyu sorar: "Enseste bakışta (olağan) kurban-fail modeli çocuğa gerçekten yardımcı olur mu?" İnsanlar, faillerin suçlanmasını ve toplumdan dışlanmasını bekler ama Aile Dizimi çalışmalarında failler kesinlikle sorumlu tutulurken, onların toplumdan dışlanmasının taciz edilen çocuğun iyileşmesine yardımcı olmadığını görüyoruz.

Kuşkusuz, çocuğun kurban olduğunu kabul ederiz ve onu şöyle tanımlarız: "Olanı önleyemeyen kişi." Bununla birlikte, "Eğer kurbanlar bir şeyleri değiştirmek isterse, gerçek güçleri ile irtibata geçmelidirler" ve çocukların gerçek gücünün sevgileri olduğunu bulmuştur. Taciz kurbanı çocuk, sistemin sorunlarını sevgiyle çözmeye çalışmıştır. Hellinger, ebeveyne sevgi gösterme isteğinin nasıl yıkıcı ve yanlış seçimler doğurabileceğini çocuğun fark etmesi için çalışır.

Failler, tam sorumludur. Fail, aile sistemini iyileştirmede üstüne düşeni yapmaya gönüllü ise Aile Dizimi dört adım önerir: Fail, fiillerinin sonuçlarını eksiksiz kabul etmelidir, yaptıklarının kurbanı için sonuçlarını görmelidir, tek sorumlunun kendisi olduğunu ve fiillerinin tüm sonuçlarını üstlendiğini kurbanına söylemelidir; kurbanını rahat bırakmalıdır.

Kader ve Kısmet

Aile Dizimleri, kader ve kısmeti kabul eder ve insanların onlardan güç almasına imkân verir. Engelli bir çocuğunun olması, bir savaşta öldürülme, birinin ailesini bir kazada kaybetmesi ve benzerleri kaderin yazgısıdır.

Ölüler Âlemi

Aile Dizimleri, ölüler âlemi ile canlılar âleminin birbiriyle bağlantılı olduğunu ve ölülerin, canlılar üzerinde sürekli etkisi olduğunu gösterir. Birçok kültür bunu bilir. Atalarını onurlandırır ve ruhlarının gönlünü alırlar.

Bazen, ölüler nasıl öldüklerine bakmaksızın huzurludurlar; kürtajla mı alınmışlardır, genç yaşta ölen çocuklar mıdır yoksa bir kazada mı ölmüşlerdir? Bazen de huzur bulamazlar; doğmak ve kardeşleriyle büyümek isteyen ama kürtajla alınan bir çocuk, kendisinin sorumlu olduğu bir kazada başkalarıyla birlikte ölen bir kişi... Öldürülenler kesinlikle huzura ermez; ısrarla kefaret isterler. Bu ölüler, genellikle bir dizim vasıtasıyla huzura erdirilebilirler.

Ve En Yüce Kural, Sevgidir

Aile enerji alanı, bozulamayan sevgi düzeniyle kontrol edilir. Bu düzene saygısızlık edildiğinde, kişi acı çeker; bu düzene uyulduğunda, kişiler kendi hediye ve alın yazısı sınırları içinde başarıyla gelişir. Aile Dizimleri, sisteme karşı işlenen suçlara çözüm ve bu çözümlerle iyileşme getirir. Bunu, önyargısız olma ve sevgiyle yönlendirilmeyle yaparlar.

5. BÖLÜM

AİLE DİZİMİ'NİN BİLGELİĞİ

Aile Dizimi, ailemizin enerji alanında kuklalar olduğumuzu ve bu konuda bir şey yapamayacağımızı gösterir. Dizim çalışmasının, yararlı meditasyonlar, alıştırmalar ve kendinizi özgürleştirmede kullanabileceğiniz iyileştirici cümlelerle hayatın birçok alanında açıklığa kavuşturduğu bazı kurallar aşağıda verilmektedir. Dizim çalışmalarına katılmanızı da öneririm.

Bazı kişiler, Aile Dizimleri'nin ortaya çıkardığı dinamikleri ihtilaflı bulur. Bunların çoğu özellikle etiğe ve dini değerlere vurgu yaparlar. Benim gibi diğerleri ise Aile Dizimi'nin şifalı enerji alanında muazzam bir saygıyla dolanırlar ve büyük kaderi tevazuyla kabullenebilirler, her seferinde bir hafiflik ve alçakgönüllülük hissederler.

Aile Dizimi bilgeliğinin günlük hayatta mutluluğunuza nasıl katkı yaptığını anlamanız için, yapıcı kritik maneviyatınızı uyanık tutmanız ve deneyime açık olmanız beklenir.

Ebeveynimizle İlgili Pratikler

Aile Dizimi bana ebeveynimle ilgili bambaşka bir açı sundu, öncekilerinden çok farklıydı. Elbette ben de zorlandım ilk başta ancak teknik ve anlayışında derinleştikçe yani doğru şeye yatırım yaptıkça getirileri çok güzel oldu. Şimdi dikkatle okuyun. Takıldığınız ya da anlamadığınız yer olursa sorun değil, tekrar okuyun. Gerekirse tane tane okuyun, her gün bir daha okuyun ama bir gün aşağıda sunulan yaklaşımı içselleştirdiğinizde hayatınızda hissetmediğiniz kadar hafif ve özgür hissedeceğinizi temin edebilirim.

Her bir ebeveyne, kendi etki alanı

Anneler, oğullarını babalarının etki alanına, babalar da kızlarını annelerinin etki alanına bırakmalıdır. Bu, hemcins ebeveynlerin daha fazla sevildiği anlamına gelmez. Bu, ebeveynler arasındaki ilişkinin güçlü kalmasının yoludur ve çocuklar gerçek ilişki kurabilecek şekilde büyürler.

Kaçınılmaz olarak, söz konusu kişilerin kişilik ve geçmişleri ne olursa olsun, cinsiyetleri nedeniyle oğlanlar erkekliklerini babaları ve atalarının erkeklerinden, kızlar ise kadınlıklarını anneleri ve atalarının kadınlarından alırlar. Bu fikre karşı iseniz, aynı cinsten eşinize şunları söylediğinizi düşünün:

Anneciğim, ben aynen senin gibi bir kadınım. Senden aldığım kadınlığımı onurlandırıyorum.

Babacığım, ben aynen senin gibi bir erkeğim. Senden aldığım erkekliğimi onurlandırıyorum.

Ebeveynlik rolünü oynama: Parentifizasyon

Aile enerji alanı, ebeveyn olarak rolümüzü oynamamızı ister. Sınırlarını bulanıklaştıramayız veya yükünü çocuklarımızla paylaşamayız.

Ebeveynler bazen, çocukları sanki yetişkinmiş gibi, onlara arkadaş veya sırdaş muamelesi yaparlar. Sonuç, yakın ilişkide oldukları yetişkinlerle yaptıkları gibi, onların, kendileriyle aynı sorunları paylaşmasıdır. Bu şekilde, kendi çocuklarını kendi sorunlarına bulaştırırlar. "Çılgıncasına sevgi"yle çocuklar, ebeveynlerinin yüklerini almaya ve onların sorunlarını çözmeye çalışırlar. Bu, imkânsızdır.

Ebeveynlerinin ilişkisinin veya eski ilişkilerinin gizli kalması gereken detayları çocukları ilgilendirmemeli ve onların sorunları da ebeveynlerini ilgilendirmemelidir. Dizimlerde, ebeveynler kendi rollerini, sorumluluklarını ve (varsa) suçluluk hislerini kabullendiğinde iyileşme gerçekleşir. Eğer ebeveynleriniz size çok fazla şey anlatıyorsa, kullanabileceğiniz bir *iyileştirici söz* şudur:

Ebeveynlerinize şunu söylediğinizi düşünün: "Siz büyüksünüz, ben küçüğüm. Sizler yetişkin, ben çocuğum. Yetişkin sorunlarınızı size bırakıyorum."

Bu, sizin ebeveynlerinize saygı gösterdiğinizi ve sorumlu yetişkinler olarak kendi sorunlarıyla kendilerinin ilgilenmesinde onlara güvendiğinizi gösterir.

Zararlı ebeveynler bile doğru ebeveynlerdir

Zararlı ebeveynlerin doğru ebeveynler olduğunu kabul etmek zordur. Sarhoş ve tacizci bir babanın veya hiddetli ve baştan çıkarıcı bir annenin, gerçekten bizim "doğru" ebeveynlerimiz olması mümkündür? Ensestçi bir ebeveyn doğru ebeveynimiz olabilir mi? Kabullenilmesi zordur ancak yine de sistemik vicdanın kuralları ve dizim çalışmasının çözümlerinin aile enerji alanına getirdikleri, onların doğru ebeveynler olduğunu gösterir. En iyi baba mevcut babadır. En iyi anne mevcut annedir.

Sistemik vicdan, yaşamın devam etmesini ister. Sadece hayat verme gerçeği, bir ebeveyni doğru ebeveyn yapar.

Ebeveynlerimizin bize zarar vermiş olduğuna inandığımızda, aşağıdaki *iyileştirici söz* çok güçlüdür:

"Şimdi, seni [babam/annem] olarak kabul ederek, bana yaptıklarının bedelini ve bana olanları kabulleniyorum."

Tekrarlıyorum: Ebeveynlerin doğru ebeveyn olduklarını kabullenme hiçbir tacize boyun eğme anlamına gelmez. Bu çalışmada, tacizci ebeveynler suçludur ve yaptıklarından tamamen sorumlu tutulurlar.

Ne olursa olsun, her zaman doğru ebeveynlere sahibiz

Birçok terapide, ebeveynlerimiz hakkında hüküm vermek için teşvik ediliriz. Çocuklar başarısız olur, acı çeker, bunun için ebeveynlerini suçlar ve ebeveynler suçluluk duyar. Bu durum, ilgili herkesi güçsüz kılar. Çocuklar, çocukluklarındaki acılarının üstesinden gelmede, mutlu olmayı öğrenmede özgür olup, yetişkin sorunlarını ve ebeveynlerini kendi yazgılarına bırakabilir. Dizim çalışması, öz sorumluluğu onaylar ve suçlamaya yer bırakmaz. Sistemik vicdan, her zaman doğru ebeveynlere sahip olduğumuzu gösterir. Bunu kabullendiğimizde, güçleniriz.

En iyi baba mevcut babadır.
En iyi anne mevcut annedir.

Gelin bir pratik daha yapalım. Kendi zamanınızda, huzurlu bir ortamda gerekirse gözlerinizi kapatarak her bir ebeveyninize şunu söylediğinizi imgeleyin:

"Şimdi, seni şükranla [annem/babam] olarak kabul ediyorum. Benim için tek doğru [annesin/babasın]. Hayatım için sana teşekkür ederim."

Ebeveynimizi tamamen kabul etmedikçe, onlardan ayrışamaz ve özgürleşemeyiz.

Çocuk Sahibi Olmak ya da Olamamak

Yaşam bize sürekli verir. Diğer bir deyişle, biz yaşamdan sürekli alırız. Havasını, suyunu, enerjisini, yemişini... Ancak yaşamdan aldıklarımızın karşılığını nasıl verebiliriz? Ona yaşam kazandırarak. Asıl olan yaşamdır. Ve yaşam çocukla ilerler. Bu konuda iki zıt eylem, yaşama gelebilecek olanı reddetmek; gelemeyeni davet etmektir. Bu iki önemli karara nasıl baktığımızı da paylaşmak istedim sizinle.

Kürtaj

Kürtaj, "yanlış" olmak zorunda değildir ama karşılığında ödenmesi gereken bir bedeli vardır. Verme ve alma dengesi açısından, kürtajla alınan çocuk hayatını vermiştir. Ebeveynler samimi bir şekilde yas tuttuğunda, suçluluk duygularını mazeret üretmeden veya açıklamalarla zayıflatmadan taşırlar. Böyle yaparak, o çocuğu koşulsuz ve eksiksiz olarak kalplerinde taşıdıklarında, kefaret ödenmiş olur; kürtajla alınan çocuk onurlandırılmış olur ve ilişki devam edebilir. Bu olmadığında veya ebeveynlerden sadece birinde olduğunda kürtajın bedeli, ilişkinin kendisidir, kaybedilmeye çok yakındır...

Evlat edinme

Evlatlık alan ebeveynler ebeveynlerin ikamesi değil, vekil veya temsilcileri olduklarını anladığında ve biyolojik ebeveynlere saygı gösterildiğinde, evlat edinme başarılıdır.

Evlatlık alan ebeveynlerin ihtiyaçlarından ziyade, çocukların ihtiyaçlarını karşılamak için çocuklar evlat edinildiğinde, verme ve alma kurallarına saygı gösterilmiş olur ve evlat edinme başarılı olur. Evlat edinme, örneğin, kendi çocukları olamadığı için evlatlık alan ebeveynlere hizmet ederse, verme ve alma kuralları tersine döndürülmüştür. Bu durumda çocuk, doğanın kendilerine vermediğini ebeveynlere vermektedir - daha fazla vermektedir. Bu durumda risk, evlat edinilen çocuğun alınganlaşmasıdır.

Yaşam, en güçlü kaynağımız

Yaşam, sadece ebeveynlerimizden gelmez. Atalarımız kanalıyla ve yaşamın kendi kaynağından da gelir. Ebeveynlerimiz bizi *yaşam kaynağına* bağlar. Ebeveynlerimiz ve atalarımızı onurlandırdığımızda, aynı zamanda o kaynağı da onurlandırırız.

Ebeveynlerinizin arkanızda, onların ebeveynlerinin onların arkasında durduğunu ve sayısız nesiller boyu bunun devam ettiğini düşünün. Şimdi, tüm onların arkasında büyük ve şahane bir nur olduğunu düşünün ve bu nurun onların içinden size ve sizden, sizin çocuklarınıza ve gelecek nesillere aktığını görün. İçinizde derin bir şükür hissi belirene kadar sürdürün.

Aile Dizimi Kimlerle ve Başka Hangi Alanlarda Çalışılabiliyor?

Ticari Dizimler

Bu, enerji alanlarını dizme yönteminin oldukça yeni bir uygulamasıdır. Aile Dizimleri'nin kuralları, bazı değişikliklerle geçerlidir. Öncelikler ve hiyerarşi açısından, şirkete ilk gelenler öncelik kazanır ama bazı esneklikler vardır; belli çalışma gruplarında öncelik farklı düzenlenebilir. Tüm çalışanlara eşit ölçüde saygı gösterme, katkılarının takdir edilmesi, verme ve alma dengesi gereklidir. Aidiyet hakkı ve birisi işten çıkarıldığında, etkisini kabullenme de önemlidir. Danışmanlar, katılımcıların yaşamlarının gizli kalması gereken ayrıntılarına çok fazla girmeme konusunda dikkatlidir.

Rüyalar

Dizildiğinde, rüyalar kendilerini çok güzel açıklarlar. Tekrar eden rüyalar rehber niteliğinde olabilir. Bazen bir rüyayı anlamanın yolu ona bir dizim ile hayat vermekten geçebilir.

Hastalıklar

Aile Dizimi, kronik hastalıklar ve uzun süreli semptomlarda da kullanılır. Zira birçok hastalık psikosomatik olarak adlandırılır. Tıbbi tedavilerin yanında Aile Dizimi'nden de destek alabiliriz. Burada önemli bir husus, Aile Dizimi'nde teşhis konmaz ve tedavi uygulaması yapılmaz. Teşhis ve tedavinin ancak ve ancak tıp doktorları tarafından gerçekleşmesi gerekir. Muhakkak bir hastalıkla başvuran kişiye tıbbi tedavi alıp almadığını sormakla başlamak gerekir ve eğer almıyorsa onunla etik olarak çalışmamak gerekir. Zira Aile Dizimleri'nde biz bu hastalıkların altında yatan dinamikleri anlamak için çalışırız o kadar. Sadece görmek ve anlamak. Çünkü şifaya katkısı o hastalığın var olmasındaki ruhsal etkileri görmek bir manada onun kökenine inmektir. Çoğunlukla danışanların tıbbi süreçlerine olumlu katkılar sunduğunu gözlemledik.

Uygun Danışan Kimdir?

Bu yöntem, sorumluluk alabilecek ve almaya istekli kişiler ve her ne kadar zor olsa da gerçeği kabullenecek yeterli cesarete sahip olanlar içindir. Kendi kişisel ve ruhsal gelişimlerinden ödün vermek istemeyen, içinde olduğu hayatta daha etkin olmak isteyenler içinse bir nimettir. Terapistlerinin eşliğinde olmadıkça, zihinsel olarak hassas hastalara uygun değildir. Rahatınızı bozmayacak türden bir terapi istiyorsanız, SPA'ya gidiniz...

Her Sorun Aile Dizimi İçin Uygun mudur?

Hiçbir yöntem tüm sorunları çözemez. Aile Dizimleri'nin etkin ve güçlü olduğu belli sorunlar ve alanına girmeyen başka sorunlar vardır. Yetkin bir danışman, hangi dizimin uygun olduğunu bilir.

Hellinger'in Ardından

Bert Hellinger olarak bilinen Anton Hellinger, 1925 yılında Almanya'da doğmuştu. Ebeveyninin inancı, ailesini Nazi olmaktan korumuştu ve gençliğinde, Nazi ordusuna katılmayı reddettiği için bir halk düşmanı olduğundan şüpheleniyordu. Yirmi yaşında, papazlık eğitimine başladı. On altı yıl boyunca, Güney Afrika'da Zulular arasında bir misyoner olarak hem kilise papazı hem de büyük bir okulun müdürü olarak çalıştı.

Yirmi beş yıl papazlık hizmetinden sonra, tarikatını terk etti, Almanya'ya döndü, psikanalist olarak eğitime başladı ve evlendi. Birçok eğitime katıldı ve bugün bilinen yönteminin altyapısını oluşturdu...

Ona duyduğum hisler ve içimdeki derin saygıyı kelimelere dökmek kolay değil. Ben, usta baba yerine geçer derim. Ustanın marifetini aktarması bir manada babalık yapmasıdır. Öyleyse huysuz ve sert bir babaydı; bir o kadar müşfik ve derin. Bir o kadar da cömert...

Tek bir kare fotoğraf çekilmeyi başaramadım bir türlü, sevmezdi, sadece bir kitabına imza alabildim. En değerli kitabım olarak kütüphanemde saklıyorum.

Bugün, ondan aldıklarımın üzerine koyduğumu hissediyorum. Beni gördüğünü ve yıllar önce verdiği elin nasıl bir ses çıkardığını denetlediğini düşünüyorum.

Meister Hellinger 19 Eylül 2019'da 94 yaşında bu dünyadan ayrıldı. Ardında milyonlarca insana halen rehberlik eden bir sistem bıraktı.

Saygıyla yâd ederim.

6. BÖLÜM

ALMAK, İBRETLE BAŞLAR

Sözlükte "geçmek, aşmak" manasındaki "abr" kökünden gelen ibret kelimesi genellikle "görünenden görünmeyene geçmek, nesnelerin ve olayların dış yüzüne bakıp onlardaki hikmeti kavramaya çalışmak, olaylardan ders alıp doğru sonuçlar çıkarmak ve buna göre davranmak" anlamında kullanılır.

O halde biz de öyle yapalım ve gerçek vakalardan örneklerle kendimiz için ibretler alalım. Tekrar etmekte fayda görüyorum, Aile Dizimi herkes için uygun değildir ne yazık ki. Siz kendinizi iflah olmaz bir realist, şüpheci, kontrolcü veya analitik biri olarak tanımlıyorsanız, bu bölüm yine sizi şaşırtacak hatta belki kızdıracaktır. Ancak buraya kadar geldiyseniz eğer, demek ki siz de bizim gibi o çağrıyı duymuş, yaşamın sadece ev, iş, araba, başarı, evlilik gibi şeylerden oluşmadığını, görünenin ötesinde bir yer olduğunu "hissediyorsunuz" demektir.

Ormanları oluşturan her bir ağacın birbirleriyle bağlantılı olduklarını, kusursuz bir ekosistem içinde var olduklarını biliyoruz. Tıpkı bizim gibi. Tek fark, biz düşündüğünün üzerine düşünebilen varlıklar olarak bilim, sanat, teknoloji gibi alanlarda gelişim gösterirken aynı zamanda ruhsal bir varlık olarak da gelişim gösterme potansiyelinde ve hatta mecburiyetindeyiz. "Din ısıtır ama aydınlatmaz, bilim aydınlatır ama ısıtmaz" der Dücane Hoca. Biz her ikisiyle birlikte bir denge oluşturduğumuzda ancak hayatta ileriye doğru bir gelişim gösterebiliyor, tatmin oluyor ve bütünlük hissedebiliyoruz.

Bu bölümde, size yaptığım gerçek çalışmalardan örnekler sunmak istiyorum. Böylece ilk bölümde bahsettiğim onca yasa, alanda nasıl bir fotoğraf veriyor, nasıl çıktılar elde edebiliyoruz paylaşmak istiyorum. Gözünüzde canlandırabilirken yüreğinizde de hissetmenizi amaçlıyorum.

Vakalardaki kişilerin kıyafetlerinden, tavırlarından, söylemlerinden betimlemeler de yapacağım. Buradaki amaç sizin canlandırabilmenize katkı sağlamak içindir, asla onları kategorize etmek, yargılamak gibi bir amacımız yoktur.

Kör Sevgi

Danışanım 30'lu yaşlarının sonundaydı. İyi bir işi vardı ve büyük bir şirkette orta düzey yöneticiydi. Fiziksel olarak gayet bakımlı, eli yüzü düzgün ve kendi ayakları üzerinde durabildiği her halinden belli olan hanımefendiye hoş geldiniz dedim. Alanda herkes yerini almış, sandalyelerinde birazdan açılacak olanlara hazır gibiydiler.

Danışanım biraz tedirgindi, ilk kez Aile Dizimi'ne geliyordu. Etrafındaki arkadaşlarından bana gelenler olmuş ve faydasını görmüştü, randevu alırken bunları aktarmıştı asistanıma. Hoş bulduk derken bakışlarıyla alanı tarıyor, bir yandan da bana hazırım mesajı vermeye çalışıyordu. Her zaman yaptığım gibi "Konumuz nedir?" diye sordum.

"Bir türlü evlenemiyorum" derken daha da rahatlamaya çalışır gibiydi. Bu yanıt benim için kâfiydi ve bakışlarımı hanımefendiden alıp alandakilere çevirdim.

Her dizimde alan da değişir, alanın atmosferi, konular değişir... Tıpkı her yeni anın bizim için yeni sürprizlere gebe olması gibi...

Alandakilerde bakışlarımı gezdirdikten sonra babasını temsilen birini kaldırdım. Ardından annesini temsilen birini daha seçtim. En son yaptığım seçimse kendisinin temsili olan başka biriydi. Temsilciler her zamanki gibi kimi temsil ettiklerini bilmiyorlardı ve olanları izlemeye başladık.

Danışanımı temsil eden kişi hızla babasını temsil edenin yanına gitti, koluna girdi ve dikkatle gözlerine bakmaya başladı. Annenin temsilcisi onlardan uzaktaydı ve başka bir yöne bakıyordu. Bedeni de bakışları da onlara dönük değildi, yüz ifadesi üzgündü.

Baba ve kızının arasında resmen derin bir aşk vardı ve alandaki herkes bunu hemen fark etmişti. Danışanıma dönüp "Babana hâlâ aşık mısın?" diye sordum.

"O benim ilk aşkım, onu çok seviyorum."

Gelmesi tahmin edilen bu yanıtın ardından ağlamaya başladı. Gruba döndüm, "Gördünüz mü?" diye sordum. Hepsi sessizce başlarını sallayarak beni onayladılar. Tekrar yerime dönüp, danışanımın yanındaki sandalyeme oturdum. Gözlerinin içine bakarak "Senin kalbin zaten dolu, kalbinde bu kadar büyük yeri varken babanın, başka hangi erkek orayı doldurabilir ki? İstersen babanla seni boşayalım. Annenle baban evlensin. Sen boşa çık ister misin?" diye sordum. Güldü, bir yandan da ağlamaya devam ediyordu.

Sevgi, çoğu şeyi iyileştirebilecekken çoğumuz onun aynı zamanda bizi çok yaralayabilecek bir unsur olduğunu bilmeliyiz. Sevgi, aynı zamanda yaralayabilir de. Bert Hellinger "Sevgi kılıç gibidir, yavaş yavaş yaralar" der. Burada meseleyi psikolojik olarak ele aldığımızda tabii ki ciddi bir elektra kompleksi de görüyor olabiliriz ama Aile Dizimi sistematiğinde babayla kızın orantısız kurduğu bu büyük sevgi ilişkisi annelerini dışarıda bırakmıştı. Kızımız doğru yerinde değildi, ona ait olmayan bir yerdeydi. Annesinin yerinde duruyordu.

Bunu tıpkı bir satranç tahtasının üzerinde yanlış yerlerde duran taşlar gibi hayal edin. Her taşın hamle yapacağı özel bir doğrultu vardır, ancak taşlar uygun yerde değillerse satranç tahtasındaki akış ilerlemez ve oyun kilitlenir.

Onun yanlış yerde durması, hayatta sadece kendi olmasını, evlenebilmesini, kendi yuvasını kurmasını engellememiş aynı zamanda çoğunlukla evli erkekleri de kendine çekmesine neden olmuştu. Çünkü ona göre "güvenli" olan buydu. Babasını terk edemezdi. İşte biz buna kör sevgi diyoruz.

Tekrar ayağa kalktım. Alanda annenin temsilcisinin omzuna yavaşça dokunarak babayı net bir şekilde görebileceği pozisyona getirdim ve ikisine de birbirlerinin gözlerinin içine bakmalarını söyledim. Babayla anne birbirlerinin gözlerine baktılar. Kız paniklemişti, hemen annesinin önüne geçti. Babasının gözünün içine baktı ve ona iyice yaklaştı. "Beni terk etme, beni bırakma" der gibiydi bakışları. Tekrar danışanıma döndüm.

"Şu an bir seçim yapmalısın. Hakikaten evlenmek, yuvanı kurmak, bir erkekle iyi bir ilişki yaşamak istiyor musun?" diye sordum. Katılarak, ağlayarak "Evet buna mecburum" dedi.

"Pekâlâ" diyerek kızın temsilcisine annenin arkasına geçmesi ve annesine arkadan sarılması gerektiğini söyledim. Bunu yaptığı anda birlikte katıla katıla ağlamaya başladılar. Uzun zamandır böyle bir kavuşmaya ihtiyaçları vardı. Sarılarak ağlamaya devam ettiler. Bu muazzam kavuşmadan sonra danışanımızın temsilcisine yeni bir yer seçmesini söyledim. Onlardan biraz uzakta olması gerektiğini de hatırlattım. Doğru bir yere, onlardan biraz uzak ve başka bir yöne bakan bir tarafa geçti. Babayla anne birbirlerine bakmaya devam ettiler ve birbirlerine doğru birer adım attılar. Birer adım attıktan sonra sarıldılar, onlar da ağlıyordu. Babanın sağda kalıp, annenin elinden tutup onu sola almasını gözlemledim ki bu doğru olandı. Sonra kızına baktı, kızları da onlara döndü ve danışanın temsilcisine şunları söylettim: "Anne, baba ben bu evden gittiğimde sizin kızınız kalmaya devam edeceğim." Bu sözlerden sonra üçü de rahatlamıştı. Derin bir oh çektiler. Herkes doğru yere gelmiş, danışan rahatlamış, bütün grup da hep birlikte o nefesi vermiş ve alan çok daha rahat görünüyordu.

Bazen annemizle babamızı aşırı severiz. Bu aşırı sevgi, onlardan ayrışamama, onları bırakamama olarak kendini gösterebilir. Görüntüde siz başka bir hayat tecrübesi yaşıyor, işe gidiyor hatta yalnız yaşıyor olabilirsiniz. Ama ruhunuzda, içdünyanızda onlara karşı olan bu derin sadakat ve sevgi sizin büyümenize engel oluyor olabilir. O yüzden lütfen dikkat edin.

Sevgi sizi kısıtlamasın, sevgi sizin büyümenize engel olmasın.

Baba-kız, anne-oğul aşkları bazen dışarıda kalmış, anılmamış eski sevgilinin yerine çocuğun geçmesiyle de oluşabilir. Diğer kişiye kilitlenen çocuk orantısız bir sevgi ve bağ ile ebeveynine yaklaşabilir. Muhakkak ki ebeveynimizi çok sevebilir ve sayabiliriz. Ancak bu sadece çocuk-ebeveyn sevgisi şeklinde olmalıdır. Fazlası sisteme zarar verir...

Düzgün Erkek Yok ki...

Alandaki grup yerini almıştı. Danışanım salona girdi. Alana gelen herkese baktığım gibi yine gözlerinin içine baktım. O da benim gözlerime bakıyordu, bakışlarında tedirginlik vardı.

"Başlayayım mı?" diye sordu. Sessiz kaldım. Gruptakilere döndü, güldü. Sonra göz teması kuramamaya başladı. "Şimdi başlayayım mı?" dedi. Ben yine sustum. Belli ki hâlâ zihindeydi. Niye gözlerine baktığımı sordu, sanki suçlar gibiydi. Ben sadece tebessüm ettim ve ona bakmaya devam ederek "Ruhlar gözler vasıtasıyla konuşurlar, şu an sizi değil ruhunuzu tanımaya gayret ediyorum" dedim. İkna oldu. Belli ki hayatında ilk defa, hiç tanımadığı birinin gözlerine uzun uzun bakmaya cesaret ediyordu.

Bu derin bakışma nihayet onu sakinleştirmişti, sorgulamayı bıraktı ve biraz daha zihninden ruhuna doğru inmeye başladı. Bu derinleşmeyi görünce ona "Hoş geldiniz" dedim.

"Hoş bulduk."

"Nedir konumuz?"

"Erkekler."

"Ne oluyor erkeklerle?"

"Hiç doğru düzgün adam yok, hiç mutlu değilim. Kendime herhalde doğru erkeği çekemiyorum."

"Güzel bir konu, isterseniz hemen alana başvuralım sebebini görelim" dediğimde zihni yine devreye girdi. "Yani işte doğru düzgün erkek var mı bilmiyorum ama hadi geldik buraya" derken teması tekrar kaybetmeye başlamıştı. Öfkesini ve acısını görebiliyordum, bunları sözlü olarak ona da tekrarladım.

Yerimde oturmaya devam ettim. Kibirli tavrını hissetmesi için ona fırsat tanıyordum. Bacağını huzursuz bacak sendromundaki gibi sallamaya başladı. Tekrar gözlerinin içine baktım. İlk defa bir erkekten şefkat almanın deneyimini yaşıyordu ve ona onun beklediği şekilde bakmayan bir erkeğin bakışlarıyla karşılaşmanın şaşkınlığı içerisindeydi. Çünkü beni bile "erkek" olarak görüyordu, bu cinsiyetten bağımsız onun zihninde tanımladığı bir erkek şablonuydu. Halbuki biz açılımlarda homojen varlıklar olarak görev yaparız.

"Biraz daha iyi misiniz?" diye sordum. Derin bir nefes verdi ve "Sanırım" dedi. "Benim için yeterli" diyerek alana başvurdum.

Babasını temsilen birini, annesini temsilen birini ve kendisini temsilen birini kaldırdım. Alanda yavaş yavaş ilerlemeye başladılar. Annesinin temsilcisi kendini birden yere bıraktı ve yerleri yumruklamaya başladı. Babasının temsilcisi oldukça uzak bir yere doğru gidip dışarı bakmaya başladı, danışanımızın temsilcisiyse ikisinin tam ortasında bir yerde duruyordu. Her zamanki gibi kim neyi temsil ettiğini bilmiyordu.

Danışanım donup kalmıştı adeta, ne yapacağını bilmez bir haldeydi. Onun temsilcisine döndüm ve "Ne görüyorsun" diye sordum. "Çok acı çekiyor" dedi yerdeki kişiyi göstererek ve ardından ekledi: "Ona yardım etmek istiyorum ama yapamıyorum."

"Arkandaki kişiyi hissediyor musun?" diye sordum. "Arkamdaki kişi yok benim için, hissetmiyorum" diye cevapladı. Bilmiyordu ki arkasındaki babası, önde yerleri yumruklayansa annesiydi. Sonra yerleri yumruklayan temsilcinin yanına gittim.

"Nedir hissettiğin?"

"Acı, çok acı, canım çok yanıyor."

"Öfke de görüyorum sende."

"Aynı zamanda çok da öfkeliyim."

"Öfke duyduğun kişi bu alanda mı?" diye sordum. Tereddütsüz şekilde eliyle kocasını göstererek "Onun yüzünden" dedi. Belli ki anne, kocasından çok şikâyetçiydi...

Belki de kocası kötü bir kocaydı, kötü bir eşti ama bir çocuğun alabileceği en büyük yük bu hayatta annesini ya da babasını kurtarmaktır. Ondan biraz daha az bir yük varsa o da kurtarmak isteyip yapamamaktır. Danışan bu sözlerimi sesli olarak duyunca gururlu bir şekilde ağlamaya başladı. Bir yandan ağlıyordu ama gözyaşlarını gizlemeye çalışıyordu.

Danışana baktım ve devam ettim, "Anladın mı kim kimi temsil ediyor?" dedim. "Anladım" dedi gözyaşlarını saklamaya çalışarak. "Bu gördüğünü onaylar mısın?" sorumu "Onaylarım" diyerek cevapladı. "Annen ne yaşadı ki babanla bu kadar acı çekiyor?" dedim. Yine bacaklarını huzursuz bacak sendromundaki gibi hızlı hızlı oynatmaya başladı.

"Benim babam ne yazık ki çok kötü bir adam."

"Anladığım kadarıyla sen annenin ilk çocuğusun."

"Evet nerden bildiniz?"

"Belli ki seni sır ortağı yapmış, yakın arkadaşı gibi görmüş."

"Hayatı boyunca her şeyi benimle konuştu, biz annemle arkadaş gibiyizdir" derken kendinden çok emindi ve bundan gizli bir gurur da duyuyordu. Erkeklere olan nefretini hepimiz anlamıştık.

Bakışlarımı tekrar alana çevirdim ve erkekleri temsilen bir erkek kaldırdım. Muhtemel sevgilisi ya da eşi olabilecek birini. Kişi kalktı ve oldukça mahcup bir şekilde yavaş hareketlerle, boynu bükük bir şekilde anneyle kıza yakın sayılabilecek bir yerde durdu ama bir yanıyla da uzaktaki babayı kolaçan ediyordu duruşuyla.

"Bu gördüğün kişi sana ne hissettiriyor?"

"Sümsük gibi geliyor" derken acısı da öfkesi de yine çok net görülüyordu. "Yoksa son ilişkin biraz problemli bir adamla mıydı?" diye sordum. Gülerek cevap verdi. "Yani epey sorunlu bir adamdı" diyerek beni onayladı.

Hayatta en sevdiğimiz, en güvendiğimiz varlık çoğunlukla annemizdir. Ve gözümüzün önünde babamız tarafından eziyet gördüğünde, biz annemizi kurban, babamızı ise fail yerine koyarız. Babayı fail yapmak aslında erkekleri de kategorize etmektir bir manada. Başka bir manada kadınları da kategorize etmektir. Kadınlar mağdurdur ve onları mağdur eden erkeklerdir inancı gelişir bizde. Halbuki anneyle baba bizim büyüklerimizdir. Bizim onları kurtarmaya gücümüz ve yetkimiz yoktur. Onların ilişkilerine hiçbir suretle müdahil olamayız.

"Lütfen aralarından ayrıl" dedim temsilcisine. Temsilcisi bana baktı ve ne yapacağını bilemez bir halde kendine yeni bir yer seçti. Birkaç adım uzağa gitti. Alandaki erkek temsilcisi ona yaklaştı, saygılı bir mesafeden görülmeyi bekliyordu. Annesinin temsilcisini "Kocana doğru yaklaş" diyerek yönlendirdim. Babanın temsilcisine "Eşine doğru dön ve birbirinize birer adım birer adım yaklaşın. Belli bir mesafede de durun" dedim, aralarındaki mesafe yavaşça azalıyordu. Yavaş yavaş yaklaşıp, belli bir mesafede durdular. Herkes daha rahatlamış görünüyordu. Danışana döndüm ve sordum: "Onların arasındaki dinamikleri, onların arasında olan her şeyi, onların arasına bırakabilir misin?" Bakışlarından kararsızlık bulutları geçti.

"Zor ama yapabilirim."

"Zor ama yap."

Yanındaki erkeğe baktım. "Aslında bu kadar kaba ve zorlayıcı bir adamdan sonra bu kadar naif ve saygılı bir erkek senin temel ihtiyacın değil mi bu hayatta?" diye sordum. "Öyle bir erkek var mı?" diyerek bana laf attı. Ben de espriyle "Gözüne dizine dursun" dedim. Bütün grup kahkaha atıyordu.

Tekrar yerime geçtim, çalışmayı bitirdim ve bütün gruba dönerek son sözlerimle çalışmayı tamamladım.

"Hayatta yaşadığımız deneyimler, çoğunlukla bizim için referanstır. Bize, sanki o olaylar hep bu olgular üzerine gidecekmiş gibi gelir ve her şeyi genelleriz. O denli yoğun bir öfkemiz olur ki bu öfkelere tutunur kalırız. Unutmayın, bu denli öfke acıya liman vermektir."

Eril Utanç Duygusu

O gün yine kalabalık bir grup olarak herkes alandaki yerini almıştı. Elimdeki listede 8 kişinin adı vardı, geri kalanlar katılımcı olarak orada bulunuyordu. Sırayla danışanlarımın geçmişlerine dokunuyorduk, sıra o beyefendiye geldi.

İsmini okudum, "Hazır mısın?" dedim.

"Hazırım."

Yanıma gelmesini işaret ettim. Geldi ve hemen yan tarafımdaki sandalyeye oturdu. Gözlerinin içine bakmaya başladım. Gözlerinde şaşkınlık ve gerginlikle karışık yoğun bir hüzün gördüm.

"Nedir konumuz?"

"Hastayım."

"Geçmiş olsun, nedir hastalığınız?"

"Prostat kanseriyim."

"Amacınız nedir?"

"Biliyorum, buraya tedaviye gelmedim. Doktoruma gidiyorum. İlaçlarımı alıyorum. Tedavimi sürdürüyorum. Kızım size geliyormuş, çok tavsiye etti. Benim de aklıma yattı, sizden bir çalışma istiyorum."

"Hoş geldiniz, bakalım ruhsal olarak neden bu hastalığı deneyimlediğinizi görebilecek miyiz?" dedim ve alana başvurdum. Babasını, annesini ve kendisini temsilen birer kişi aldım alana. Temsilciler alanda kendi yerlerine geçtiler. Sonra babasının temsilcisinin yere doğru baktığını gördüm. Bizde yere bakış birkaç anlama gelir.

"Neden yere bakıyorsun?" diye sordum. Cevap vermedi.

"Hissettiğin şey utanç mı?"

"Evet utanıyorum."

Bu cevabın ardından babasının babasını temsilen birini kaldırdım. Babasının babasını temsil eden kişi alana çıktı. Çıkar çıkmaz dizlerinin üzerine çöküp ağlamaya başladı. Hepimiz buz kesmiştik. "Sen de mi utanıyorsun?" dedim. "Çok utanıyorum" derken bir yandan ağlıyordu, başını yere eğmişti, bakışlarını bize çeviremiyordu.

Danışanıma dönüp dede tarafında bir göç hikâyesinin olup olmadığını sordum, beni doğruladı.

"Nereden göçtünüz?"

"Girit."

Girit'i temsil etmesi için birini kaldırdım. Alanın ortası sayabileceğim bir yerde durdu. Çok dik ve mağrur bir duruş sergiliyordu. Türkiye'nin temsilcisini seçtim, onların karşısında yerini aldı. Gayet rahat ve açıktı. Sonra sezgim bana bir şey fısıldadı. Ben de bunu teyit etmek istedim ve utanmış dedesine döndüm.

"Kaçtığınız için mi utanıyorsunuz?" dedim. İyice ağlamaya başladı, "Korktum, ben savaşamazdım, gücüm yoktu" dedi. Danışana döndüm, göz göze geldik. "Hocam, dedem askerden kaçmış. Savaşmaktan kaçmış, askerler gelince de bir gece hepimizi toplayıp Türkiye'ye getirmiş" dedi. Hepimiz bir iç çektik, ailenin üzerindeki eril utanç duygusunun 3. kuşakta prostat kanseri yarattığını anlamıştık.

Danışanıma döndüm "Sen Türkiye'de askerliğini yaptın mı?" diye sordum. "Yaptım" dedi. "Nasıl bir histi?" diye sorduğum anda gözleri doldu. Yanına gittim. "Ben de askerliğimi Tunceli İl Jandarma Komutanlığı'nda yaptım" dedim. Hazır ola geçip elimle bir asker selamı verdim. Hemen ayağa kalktı, o da asker selamıyla bana karşılık verirken hıçkırarak ağlıyordu.

Tekrar alana döndük ve babasına gidip sarılmasını söyledim temsilciye. "Siz benim atamsınız, siz benim büyüğümsünüz.

Ben de zaman zaman bir şeylerden korkuyorum. Bazı şeylerde cesaret gösteremeyebiliyorum. Ama iyi ki geldik. İyi ki ben sizden geldim" dedirttim ve 3 erkek sarılarak hepsi birlikte gözyaşı döktüler.

Ağlamanın rahatlatıcı etkisine bıraktılar bir süre kendilerini.

Bir süre sonra hepsi gözyaşlarını sildi ve çok net, erkeksi bir güçlü duruşla onları bir araya sıraya getirdim. Böylelikle müthiş bir açıklık ve rahatlık hissettiklerini gördüm. "Ben askerliğimi yaptım, kendimle ve seninle gurur duyuyorum. Seni çok seviyorum" dedirttim. Çalışmayı tamamladık. Gruba döndüm. Son sözlerimle çalışmayı tamamladım.

"Erkeğin en büyük düşmanı erkekliktir. Erkekler görünmez kurallarla yaşarlar kendi aralarında. Ama erkek olmak, insan olmaya mâni değildir. İnsanlar korkabilir. İnsanlar kaçabilir, insanlar güçsüz olabilir. Ama gurur yaptığımız her şey bizi yarın öbür gün hayattaki birçok nimetten, neşeden, sıhhatten edebilir. Bazı duygular vardır, insanı içeriden kemirir. Atalarımızın utancını bazen biz üstleniriz. Ama ne zaman olanı olduğu gibi kabul eder ve saygı gösterirsek, bu derin sadakati tamamlayabiliriz."

Bir not: Danışanımın babası olduğu için iyi biliyorum ki bu açılım nereden baksanız 7-8 yıl önce oldu. Kişi şifasına kavuştu ve şu an sağlıklı bir hayat sürmeye devam ediyor. Ama ben tıp doktoru olmadığım ve onların tedavilerini üstlenmediğim için çalıştıktan sonra danışanımı takip etmem. Onun bize bilgi vermesini beklerim, e-posta ya da mesaj atmasını beklerim. Çünkü danışanım tıbbi olarak devam eder tedavisine. Ben başka bir misyonla çalışıyorum onlarla. Onların tıbbi tedavilerine ara verip ya da kesip tamamen buna yönelmelerini beklemiyorum. Hatta en başında Aile Dizimi'ne başvururken "Ben tıbbi tedaviye, ilaca inanmıyorum" diyen kişilerle çalışmıyorum.

Beni de Dayımı Sevdiğin Kadar Sever misin?

Alana bir hanımefendi geldi.

“Nedir bugünkü konumuz?”

“Çok borçluyum ben, ne yaparsam yapayım hep borçlu kalıyorum. Borçlarımdan bir türlü kurtulamıyorum.”

Doğruydu söyledikleri zira borçluluk bir haldir ve parayla ödenmez. Borçlu insanlara dikkat ederseniz onlar borçlarını ödemek için hep paraya ihtiyaçları olduğundan şikâyet ederler. Diyelim ki birinin bir borcu var, örneğin 30 bin TL olsun, ona bu parayı hediye edelim. 6 ay sonra telefon açalım ve soralım ne kadar borcun oldu diye, eminim en az yine 30 bin TL borcu olduğundan, bunun nasıl olduğunu dahi bilmediğinden yakınacaktır. O halde borçluluk duygusal, ruhsal ya da sistemik bir haldir, parayla ödenmez!

“Peki” dedim. Şifa diledim ve alana başvurdum. Annesini, babasını ve kendisini temsilen üç kişiyi alana çağırdım. Ben her zaman böyle başlamayı tercih ederim. Çünkü genellikle, para ve borç enerjileriyle çalışırken meselenin hangi taraftan kaynaklandığını görmeye ihtiyaç duyarım.

Annesinin temsilcisinin babasına sırtını döndüğünü gördüm. Anne aynı zamanda çocuğuna da sırtını dönmüştü ve yere bakıyordu. Yanına yaklaştım. “Yerde birini mi arıyorsun?” diye sordum. “Evet” dedi. Dizlerinin üzerine çöktü ve ağlamaya başladı. Sonra bir temsilci daha aldım. Tam önüne diz çöktüğü yere uzanmasını istedim. Seçtiğim son temsilci yere uzandı, sonra anne temsilcisine elleriyle dokundu.

“Bu kişiyi mi arıyordun?”

“Evet bu kişi.”

Danışanıma döndüm, “Annenin içine attığı ve yasını hâlâ sürdürdüğü bir kardeş ya da evlat kaybı var mı?” diye sordum. Tereddütsüz bir şekilde “Dayım” dedi.

"Nedir dayının durumu?"

"Dayım hayatı boyunca çok çabaladı. Hep çalıştı. Sonra bir gün bir işyeri açmak istedi. Tuhafiye dükkânında çalışıyordu. Tuhafiye işini öğrenince, kendi tuhafiye dükkânını açtı. Bu dükkân ilk başta güzel iş yaptı. Sonra bir anda bir şeyler oldu ve o dükkândan çok büyük borç kaldı. Hayatı boyunca ailesine yük olmak istemiyordu dayım. Bu borçları üstlenmek için canına kıydı. İntihar etti."

"Sonra ne oldu?"

"Canına kıydı ve bu kadar borç açtığı için ölüsü dahi aileden dışlanır oldu. Hem öldürdü kendini hem başımıza borç açtı diyorlardı. Cenazesi kaldırıldı elbette ama kimse mezarını ziyarete bile gitmedi bir daha."

"Lütfen dayının yanına git" dedim temsilcisine. Temsilci yanına gitti ve elleri titreyerek, gözleri dolu dolu onun yanına uzandı. Sonra annesinin temsilcisine "Lütfen kızını kaldır oradan. Orası onun yeri değil" dedim. Önce tereddüt etti annesi. "Lütfen yasına sahip çık, sorumluluğunu al, orası kızının yeri değil" diye tekrarladım. Sonra kızını kaldırdı, göz göze geldiler. Kızına annesine hitaben "Anne ben bu kadar temsil edebildim, dayımı sevdiğin kadar beni de sevmeni bekledim" dedirttim. Anneyle kızı yoğun bir şekilde ağlamaya başladılar.

Aralarındaki duvar yıkıldı. O aradaki konuşulmamış, ağırlaşmış enerji kalktı. Sonra kıza tekrar dayısının yanına gitmesini, diz çöküp "Dayı bugüne kadar kaderini saygıyla taşıdım. Seni göstermeye çalıştım. Bu vazifemden feragat ediyorum. Kaderine saygı duyuyorum" demesini ve kalkmasını istedim. Bunu yaptıktan sonra çok rahatladı. Gözleri ışıl ışıl bir şekilde kalktı ve ben de çalışmayı tamamladım.

Bazen aileden biriyle özdeşim kurarız. Farkında olmadan onu yansıtırız sisteme. Dışlanmış, yası tutulmamış bir kardeş var burada. Üstelik borç meselesi yüzünden canına kıymış. Pekâlâ onunla özdeşim kuracak kişi ona ait bu enerjiyi taşımalıydı. O yük annesi içindi. Sistemi içindi.

Not: 1. İntihar eyleminin sisteme ciddi bir etkisi olur, bu açılımın devamında onunla da ilgili bir şeyler yaptık ama ben şimdilik sadece bu kadarını paylaşmak istedim sizinle.

2. Danışanımla hâlâ görüşüyoruz, bolluk ve bereket içinde diyebilirim.

Anne Ben de Senin Gibiyim

"Kocamdan şikâyetçiyim."

"Hayır olsun?"

"İşinde bir türlü para kazanamıyor ve hep sıkıntı içerisindeyiz. Kısmetsizliği varsa açılsın istiyorum."

"Kocanızdan şikâyet etme hakkınız yok ve kocanızı iyileştirmek için benden çalışma istiyorsunuz. Kocanızın bundan haberi var mı?"

"Hayır haberi yok, zaten o böyle şeylere inanmaz."

"O halde kusura bakmayın, ben sizinle bu çalışmayı yapamam."

"Ama yani sonuçta bizim evliliğimiz. Evde sıkıntımız var, para yetmiyor bize."

"Bakın, böyle başlarsanız çalışabiliriz; 'Benim evimde yuvamda bereket yok' diye başlasaydınız doğrudan sizinle çalışmaya başlardım. Ama siz direkt eşinizi suçladınız."

"Ama işte o çalışıyor, o para getiriyor. Onun getirmesi lazım. Getirdiği para bize yetmiyor."

"Dilerseniz size şunu yapabilirim. Neden böyle bir şey yaşadığınızı çalışalım ve görelim. Eve döndüğünüzde eşinizle konuşun. Gönlüne yatarsa yerimiz yurdumuz belli. Buyursun başvursun onunla da çalışalım."

"Peki öyle yapalım o halde."

"Bu sizi memnun eder mi?"

"Eder, eder."

Danışanım baştaki suçlayıcı tavrından dolayı özür diledikten sonra teşekkür ederek, alana başvurdum.

Babasını, annesini ve kendisini temsilen birini kaldırdım. Annesinin temsilcisinin, babasının karşısına gelip ellerini yumruk yapıp sert bir şekilde baktığını gördüm. Danışanıma döndüm "Annen de babandan şikâyetçi miydi?" diye sordum.

"Evet."

"Niye?"

"İşleri çok iyi gitmeye başladı bir ara, işleri iyi gidince annemi aldatmaya başladı. Bizi çok üzdü. Eve gelmemeye başladı. Biz varlık içinde yokluk çektik. Ben de babama kızgınım hatta."

"Annen ne yapardı babana karşı?"

"Ne yapsın, evde sürekli söylenirdi. Öfkeliydi. Üzgündü."

"Sen bunları gözlemledikçe içinden ne geçirdin çocukluğunda?" diye sordum. Orada bir durdu.

"Erkekler çok para kazanınca şımarıyorlar, güçsüz erkek benim için daha güvenli demiş olabilir misin?" diye sordum. Gözlerini açarak bana baktı. Sonra masanın üstündeki mendile doğru uzandı. Gözyaşını sildi. "Bu eşi hayatına davet eden sensin" dedim. "Annenle babanın kaderinden, hatırandan, çocukluğunun yarasından çıkmaya hazır olduğunda, eşinizle beraber lütfen tekrar gelin bana" dedim.

Bazen çocukluğumuzda yaşadığımız travmatik deneyimleri, bu örnekte olduğu gibi, yine fail bir baba, kurban bir anne üzerinden, bir şablon olarak alırız kendimize. İlerleyen zamanlarda öyle bir eş seçeriz ki kendimize, bir yandan annemize bir mesaj veririz yine sadakatimiz sebebiyle, "Anne bak, ben de senin gibi mutsuzum" deriz. Öte yandan bir yanımızla da para kazanmakta güçlük çeken biriyle oluruz ki para kazanmış, kazandıkça şımarmış ve ailesini üzebilecek bir erkek olmamasını isteriz.

"Bu durumda sen çoğumuz gibi bilinçaltının senden istediği eşi kendine seçmişsin. Yaşadığınız hiçbir sorunda sen azade değilsin. Bu ikinizin kurduğu sistem olduğu için eşinin de aile dinamiklerini görmek isterim. Lütfen bana birlikte gelin" dedim yine.

Travmanın şöyle bir özelliği daha vardır, çoğunlukla bu bastırılır, hayatta kalmak için. Bastırdıktan sonra hayatın içinde büyümeye devam ederiz. Ancak bu bastırdığımız travma başka bir zamanda, başka bir insanla, başka bir ortamda bize tekrar kendisini hatırlatacak deneyimler yaşamamıza sebebiyet verir. Buna bilinçdışı diyoruz. Bilinçdışından gelen bu mesajlarla, aynı ona benzer bir ortam yaratır, benzer şeyler hisseder ve farkında olmadan aslında ne deriz? Bu sefer benim istediğim gibi olacak!

Ne yazık ki hayat bizim istediğimiz gibi sonuçlar vermek zorunda değil. Geçmişte yaşadığımız acıları tazmin etmek zorunda da değil. Hayat bizim için üzülmez ama biz kendimize hüzünlü bir yaşam kurabiliriz...

Anne Bana Verdiğin Şeyi Kaldıramıyorum

Oldukça yapılı, Doğulu olduğu şivesinden anlaşılan bir beydi yanımdaki. "Nedir konumuz?" dedim her zamanki gibi. Çok kontrollü bir şekilde "Eşimden bir türlü boşanamıyorum. Bana çok eziyet çektiriyor. Çocuğumu bana göstermiyor. Başıma çok işler geldi, hocam bir bilseniz neler oldu" dedi.

"Ne oldu? Biraz anlatır mısınız?"

"Biz 5-6 yıllık evliyiz. 3-4 yaşında bir kızımız var. Anlaşamadık. Çok tartışıyorduk. Böyle olunca ben boşanabileceğimizden söz ettim. O gün bir hışımla tamam dedi. Ertesi sabah oldu ben işe gittim. İşten bir döndüm, kendi evime giremedim. Kilidi değiştirmiş. İnsan biraz şaşırıyor ve öfkeleniyor tabii. Zile basıyorsun, kapıyı yumrukluyorsun... Sonra polis çağırdı, haliyle mahkemelik olduk. Uzaklaştırma kararı aldı. Bütün kıyafetlerimi camdan aşağı attı. Aynı sitede birkaç blok ötede akrabam oturuyor ama o mesafenin içinde kaldığı için siteye girip akrabamda da kalamaz hale geldim. Birkaç aydır otelde kalıyorum. Maddi ve manevi anlamda tükendim, bittim. İki tane takım elbisem var. Onlarla işe gidip geliyorum sürekli. Ben boşanabilmek istiyorum."

"Peki, alana başvuralım."

Alana, beyefendinin anne babasını ve kendisini temsilen birini aldım. Sonra eşini temsilen bir hanımefendiyi ve hanımefendinin anne babasını temsilen birer temsilci aldım. Annesiyle babasının arasındaki dinamik ve bizim danışanımızın pozisyonunu gördükten sonra danışana döndüm "Sen annenin bir sırrını mı saklıyorsun?" diye sordum.

Beyefendi gözyaşlarını bastırmaya çalıştı. Hiçbir şey demedi. "Bunun ne olduğunu sormuyorum size" dedim. "Ama anneniz için bir sır mı saklıyorsunuz?" diye sorumu tekrarladım. Ellerini yumruk yaptı. Yine bir şey söylemedi. Artık gözyaşlarını tutabilecek bir durumda değildi. Sadece başını sallayarak bana evet demiş oldu.

Tabii ki ben yılların tecrübesiyle nasıl bir sır sakladığını anlamıştım. Ama danışanın saygınlığını ve gizlilik haklarını kendi paylaşmadığı için korumak adına, ne olduğunu anladığımı ona baş işaretiyle gösterdim. Belli ki annesinin bir şeyini görmüştü ve babasının bilmemesi gereken bir şeydi bu...

"Bu olay ne zaman oldu?"

"Ben ergenken."

Neden böyle bir eşi seçtiği anlam kazanmıştı benim için. Zira kadınlara örtük bir öfke duyuyordu. Annesine olan güvensizliği tahmin edilebiliyordu. Seçtiği eşin de kendi anne babasının pozisyonuna baktığımızda, güvenilir güçlü bir erkeğe sığınma ihtiyacını görmüştük. Eşi de ailesine güvenmiyordu. Adeta kendisine sığınmış bu kadına yarın öbür gün boşanalım dediğinde eski anıları (acıları) tetiklenmiş, travması aktive olmuştu. Ve böylelikle öfkeyle saldırganlaşmış, "Madem beni sevmeyecektin, sana da güvenemeyeceğim. Sen de olmazsan bu hayatta ben ne yapacağım?" düşünceleriyle onun elbiselerini fırlatma, polis çağırma gibi durumlara getirdiğini anlamış olduk.

Gruba döndüm.

"Çoğumuz eş seçiminde anne babamızın evlilik dinamiklerinden etkileniriz. O yüzden her zaman söylediğim gibi evlenmek çok güzeldir. Ben evliliği çok severim ve çok sayarım. Ama evlenmeden önce muhakkak belli aşamalarda psikoterapik süreçlerden geçmek, kurduğunuz evliliğinizi korumanız ve daha kaliteli bir şekilde sürdürmeniz için hayati değerdedir. Hem evleneceğiniz kişinin bu sorumlulukta hem de sizin bu sorumlulukta olmasını tavsiye ediyorum. Zira hayattaki en büyük yatırımlarımızı aslında evliliğimize yaparız. Maddi kaynaklarımızı, manevi kaynaklarımızı, emeklerimizi, güven kaynağımızı buralara yatırdığımız için hemen hemen tamamıyla, dolayısıyla sadece bir insanı sevmek yetmez. Onunla anlaşıp anlaşamayacağımızı da, patolojilerimizin uyumlu olup olmadığını da evlenmeden önce muhakkak görmemizde fayda vardır. Çünkü bir yuva yıkmak, maddi ve manevi olarak çok külfetlidir.

Burada şunu da anlıyoruz ki ailemiz adına tuttuğumuz sırlar, annemiz veya babamız adına tuttuğumuz sırlar bize büyük bir yük yaratırlar. Bu hem kilo yükü olarak karşımıza gelebilir hem de yaşam yükü olarak. Bize bu sırrı yükleyen ebeveynimiz de çocuğunun kaldırabileceğinden fazla bir şey yüklediğinin ne yazık ki farkında değildir. Bu yüklerinizi psikoterapide veya bir dağa bayıra giderek bağırarak içinizden atmanızı ve bu yükün etkilerini biraz azaltmanızı tavsiye ederim. Olabildiği kadar da sır yüklenmemeye çalışmanızı hararetle tavsiye ederim. Hepinize şifa olsun."

Çalışmayı kapadık.

Var Olan Babanın Yokluğu

Bir hanımefendiydi yanıma gelen.

"Meme kanseriyim."

İlk iş tedavisinin devam edip etmediğini sordum. Tedavi ya da doktor gözetimini bırakarak bana gelenlerle çalışmadığımı tekrar hatırlattım. Tedavisine devam ediyordu, bir arkadaşının tavsiyesi üzerine bana gelmişti ve yorgun görünüyordu.

Her zamanki gibi annesini, babasını, kendisini temsilen birini kaldırdım, son olarak da hastalığını temsil etmesi için birini daha seçtim. Hepsi alana girdiler ve izlemeye başladım.

Annesi ile kendisi babalarına sırtını dönecek bir pozisyon almıştı ve babaları biraz öndeydi. İkisi de hastalığa doğru bakıyorlardı ama danışanımız biraz daha yakındı hastalığın temsilcisine. Hanımefendiye döndüm "Babanız uzakta mıydı?" diye sordum.

"Hiçbir zaman yakında olmadı ki..."

"Ne demek istiyorsunuz açıklar mısınız?"

"Babam her zaman bize uzak bir adamdı. Hep çalışırdı, duygularını bize hiç yansıtmazdı. Varlığıyla yokluğu bir derler ya bazı insanlar için, işte babam da öyle biriydi, onu çok tanımam, fazla da anım yoktur. Yıllarca annem de kendi parasını kendi kazanmak zorunda kaldı."

"Evli misiniz?"

"Evet."

"Eşiniz de babanıza benzer biri mi peki?"

"Sayılır."

"Pekâlâ, beklediğim şey buydu zaten."

Bu kısa diyalogdan sonra gruba döndüm, meraklı gözlerle bizi izliyorlardı.

"Kadınlar duygularıyla çok daha fazla haşir neşirdirler, daha fazla ve kolay hisseder, daha fazla duygularının üzerine odaklanırlar. Ruhsal doğalarına erkeklere göre daha yakın varlıklar olduğu için herhangi bir duygusal durum veya ruhsal bir değişim olduğunda bedenlerinde anında izlerini görebiliriz, semptomatik olarak fark edebiliriz. Anladığım kadarıyla hanımefendi uzun zamandır erkeklerden 'alamamış' biri, doğru diyor muyum?"

Kendisine döndüğümde şaşkınlıkla sözlerimi dinliyordu.

"Evet öyle de diyebiliriz" dedi.

"Erkekten almak önce babadan başlar, dede, dayı, amcayla devam eder. Almakla ne mi kastediyoruz? Ebeveyn çocuklarına verir. Bu daima böyle olmalıdır. Peki ne vermeliler? İlgi, sevgi, bütçe, kaliteli zaman, cesaretlendirme... İlgisiz babadan alamamış kız çocukları devamında hayatına giren diğer erkeklerden de alamadığında, bu içeride bir yara oluşturur. Bu yara da çoğunlukla, bana da hâlâ tuhaf gelmekle birlikte, kadınlarda memede kistler yaratır biliyor muydunuz?"

Danışanım ve gruptaki tüm kadınlar gözlerini açmış, şaşkınlıkla dinlemeye devam ediyorlardı. "Erkeklerden alabilmenin yolunu açtığımızda tedavilerinizin çok daha iyi olabileceğini ve bundan sonra böyle bir sorunla karşılaşmayacağınızı düşünüyorum" dedim. Şaşkınlıkla bakmaya devam ettiler. Danışanımın temsilcisini alandan aldım ve danışanıma dönüp bir teklifte bulundum.

"Siz de katılır mısınız rica etsem?"

"Elbette."

"Lütfen babanıza dönük bir konumda durun."

Alandaki yerini belirledikten sonra hastalığı ile bağ kurmasını istedim, amacım erkeklerle bağının kopukluğunu fark etmesiydi. Bir süre sonra babasına seslenmesini istedim, dudaklarından baba kelimesi ilk başta çıkamadı, bir süre bekledim ve baba diye seslenmesini istedim bir kez daha. Oldukça güçlükle duyulacak bir şekilde ve zorlukla "Baba" dedi, ancak sesi babasının temsilcisine ulaşmadı bile. Biraz daha bekledim, sabırlı olmak gerekiyordu ve sonra bir kez daha "Baba der misiniz?" dedim. Sert bir şekilde bir "Baba!" nidası duyuldu. Sesi duyan baba temsilcisi dönüp kızına baktı.

"Babanın gözlerinin içine bak."

"Neden bakayım ki, baksanıza buz gibi bir adam duruyor karşımda."

"Görüyorum ama o sizin babanız ve size verebildiği kadarıyla bir şeyler vermiş olmalı, bunun karşılığında sizin de bir şeyler alabiliyor olmanız lazım."

Bu cümleleri duyunca gergin yüz hatları ve çatık kaşları biraz yumuşadı. Baba temsilcisi de daha fazla anlayış bekler gibi kızının gözlerine bakıyordu.

"Neden babanız duygularını bu denli bastırmış, bu denli katı ve ilgisiz biri hiç düşündünüz mü?"

"Bilmem ki, üvey anne ile büyüdüğü için olabilir mi?"

"Sizce?"

"..."

"Annesini kaç yaşındayken kaybetmiş?"

"Yedi sekiz yaş civarındayken. Sonra babası başka biriyle evlenmiş, o hanımdan da başka kardeşleri var."

Babasının annesini temsilen birini alana aldım. Babasının annesini alana alınca babasının temsilcisi dönüp gitmek istedi ama gidemedi. Sonra üvey annesini temsilen birini aldım. Gayet ceberut bir kadın çıktı ve oldukça sert hareketler sergiliyordu. O çıkınca yüzü ekşidi babasının. Babasının temsilcisine döndüm.

"Anneni özledin mi?"

"Çok..."

Gözlerinden yaşlar boşandı, annesine özlemle bakıyordu, sanki o çocuk haliyle...

"Bir tanesi annen ve bir tanesi de sana annelik eden kadın. Benim bu hayatta bir tane annem var o da rahmetli oldu" dedim. "Onu sevmen yasak mıydı, artık onu sevebilirsin" dediğimde gözyaşları hıçkırıklara dönüştü çünkü anlıyordum ki babasıyla üvey annesi eski annesinden söz etmelerini de engellemişlerdi. Babasını babaanneye yani öz annesine kavuşturdum önce. Sonra "Saygıyla sana annelik eden, elinden geldiğince yapabildiği kadar annelik yapan hanımefendiye dön ve şöyle bir eğil teşekkür et" dedim. Yaptı. Bunu yapınca iyice yumuşadı kalbi.

"Şimdi eşinle kızına bakabilir misin?"

"Tabii ki."

Müşfik gözlerle bakıştılar. Eşine ve kızına baktı ve iki kolunu birden açtı, annesi daha mütereddit kaldı ama kız gelip babasına sarıldı ve omzuna başını koyup ağlamaya başladılar.

"Duygularınızı gösteriyor musunuz bari eşinize?"

"Yok hocam, bizi erkeğe muhtaç olmayın diyerek büyüttü annem."

"Peki ne zarar çıkar ki bundan? Bazen gitsen böyle kocana sarılsan, başını omzuna koysan fena mı olur?"

"Vallahi onun da çok hoşuna gider."

"E yap o zaman."

"Ben ne demek istediğinizi anladım, mesajınızı aldım."

"Lütfen sen de babaannene doğru bak" dedim. Babaannesine doğru baktı. "Sen de ona saygını göster" dedim. Yaptı. "Şimdi annene doğru bak" dedim, annesine yaklaştı. Annesi de elini uzattı babasına, el ele tutuştular.

"Şimdi nasıl?" dedim.

"Çok güzel bir aile olduk."

Son sözlerimi söyleyerek çalışmayı kapattım.

"Bu hikâyedeki ana sorun ne? Babasının kızına olan uzaklığı mı? Yoksa babasının annesini kaybetmesi mi? Yoksa babasının babasının tekrar evlenmesi ve ikinci eşin öz anneyi reddetmesi mi?

İşte nesilden nesile travma aktarımı bu şekilde gerçekleşir.

Bazen bilinçli olarak bazen de kapalı bir dinamik şeklinde kendini gösterir. Peki bunun bir önemi var mı? Aslında yok. Önemli olan şu an benim semptomlarımı doğru okuyup doğru kişilere ulaşıp, hiç kimseyi sınır dışı etmeden, hiç kimseyi eleştirmeden, yargılamadan anlayışla ve huzurla çıkmayı bilmektir arkadaşlar."

Bağışlama Molası

Bazen anne ve babamız bize daha hayatımızın en başında çok büyük bir şey verir. Bu o kadar büyüktür ki ne yaparsak yapalım karşılığını ödeyemeyeceğimiz bir borçtur. Dolayısıyla bu borcun yükü ile yaşamayı öğrenmemiz gerekir ve aslında anne babamıza borçlu hissetmememiz gerekir.

Onların bize verebildiği kadarını, onların bize yapabildiği kadarını alıp, eksik kalanı yaşamdan tamamlamayı öğrenmeliyiz. Sonuçta bizler anne babalarımızın gölgelerini taşıyoruz ve bize çok büyük bir şey veriyorlar. O şeyle yaşamayı ve bunu büyütmeyi geliştirmeliyiz.

Tam burada lütfen bu sayfaların arasına bir ayraç koyun, birazdan söyleyeceğim cümleyi ezberleyip gözünüzü kapatın ve şunu canlandırın:

Annenizi gözünüzün önüne getirin, belli bir süre bakıştıktan sonra annenizin gözleriyle ya da annenizle herhangi bir resimdeki hali ile "Anne senden bugüne kadar aldıklarım iyi, yeterli ve değerliydi" deyin. Sonra aynısını babanızla da yapın, babanızın gözünün içine bakın, "Baba senden bugüne kadar aldıklarım iyi, yeterli ve değerliydi" deyin. Bu egzersizi ara ara yapmanızı tavsiye ederim.

Onların bize eksik verdiği ya da bizim yeteri kadar alamadığımız inancıyla hayatta çok güçlükler çekiyoruz. Eksik olanı diğer ilişkilerden almaya çalışıyoruz. Sadece bu çaba bile bizim diğer ilişkilerimizi de farkında olmadan baltalamamıza neden oluyor...

Anne Ağabeyim Yoksa Ben Varım

Endişeli bir hali vardı. Belli ki kaygılıydı. Sürekli tırnaklarıyla oynuyordu, elini ne yapacağını, nereye koyacağını bilemiyordu. Dizleri birbirine bitişikti ve dik duruyordu. Özgüven sorunu yaşadığı da belliydi.

"Nedir bugün konumuz? Ne çalışmak istersiniz?"

"Ben hakkımı arayamıyorum, toplum içinde sesimi çıkaramıyorum, özgüvenim çok düşük. Buna bağlı olarak da hiçbir kadın beni beğenmiyor. Doğru düzgün bir iş de yapamıyorum. Bunun için geldim" dedi.

Bir iç çektikten sonra onun yükünü gördüm ve alana başvurdum. Anne ve babasını temsilen birer kişiyi aldım. Kendisini temsilen bir kişiyi aldım ve baktım ki annesi yerde bir şeyler arıyor. Danışanıma döndüm, "Annenin hâlâ yasını tuttuğu bir çocuk ya da kardeş kaybı oldu mu?" dedim. "Hocam, benden önce ağabeyim öldü, o olabilir mi acaba?" dedi. "Bakalım" dedim.

Ağabeyini temsilen birini uzandırdım yere. Annesi o geldikten sonra çocuğun yanına yattı, üzerine çıkmaya çalıştı. Seviyor, öpüyor, canım diyor, saçını okşuyordu.

"Ağabeyinin eşyaları duruyor mu evde?"

"Hocam odası duruyor."

"Komple hâlâ öyle mi duruyor?"

"Evet."

"Bu senin canını yakıyor mu?"

"Anlayamadım?" dedi, bir an durup devam etti. "Ağabeyimin ölümü mü?"

"Hayır, annenin hâlâ ağabeyini defnetmemiş olması senin canını yakıyor mu?"

Bir şey diyemedi. Alandaki temsilcisinden annesiyle ağabeyinin yanına uzanmasını istedim. Yanına uzandı. "Onlara dön" dedim. Onlara döndü. "Annenin gözünün içine bak."

O annesinin gözünün içine bakıyordu. Annesi de yerde yatan oğlunu seviyordu. Babası ise ayaktaydı, etkisiz, varlığını hissettirmeyecek bir yerdeydi. Sonra gruba döndüm.

"Bazen sevdiklerimizi kaybederiz, ansızın kaybedebiliriz. Bu kazayla olabilir, hastalıkla olabilir... Ve insanın doğası gereği sevdiğini yitirmek travmatik bir deneyimdir. Travmatize oluruz. Sonra doğal olarak bir yas süreci bekler bizi. Ancak her yas sağlıklı tutulmalıdır. Sağlıklı yas diye bir kavram vardır psikolojide. Ne çok az tutulmuş ne de abartılmış yas sağlıklı yas grubuna girmez.

Biri öldükten 15-20 sene sonra hâlâ odasını muhafaza etmek, hiçbir şeyini atmamak, geride kalanlara 'Sizin benim için değeriniz daha az' demektir, farkında olmadan böyle bir mesaj verirsiniz."

Danışanım ağlamaya başladı. "Seni görmüyor mu annen?" dedim. Başını salladı. İçli içli ağlamak denir ya, içli içli ağlıyordu. Buradaki Aile Dizimi'nde abartılmış bir yasın hayatta kalan çocuğu nasıl sosyal hayattan uzak tuttuğunu, annesinden ayrıştıramadığını, erkeksi gücünü ortaya koyamadığını bir kez daha görmüş oluyorduk. Ağabeyinin yasını abartan annenin yanında durarak, yani ağabeyinin yokluğunu bir manada kapatarak, annesinin sevgisini ve onayını almaya ihtiyacı vardı danışanımın. Bu da onu annesine simbiyotik olarak bağlı tutuyordu ve bağımlı kişilik geliştirmeye başlamıştı.

Kişilik bağımlı olunca ve anneye bağımlı kalınca doğal olarak dışarıda büyüyemiyor, bundan dolayı da sosyal ve işlevsel hayatta kalma becerilerini yeteri kadar geliştiremiyor, hayatın içine akamıyordu. Abartılmış bir yasın kurbanı olarak hâlâ annesinin dizlerinin dibinde küçük bir çocuk gibi kalıyordu, oradan bir türlü ayrılamıyordu.

"Bunu görmemiz iyi oldu. Bundan sonra biraz daha bireysel olarak gelmenizi öneririm, sizi desteklemek isterim. Ya da size birilerini önerebilirim. Böyle yaparsak belli bir süre içinde özgüveninizi toparlayabilir, kendinizi hayata yeniden hazırlayabilirsiniz" dedim. Teşekkür etti ve çalışmayı kapattık.

Etrafımızda birlikte yaşadığımız alanda sürekli yas halinde olan bir ebeveynle olmak, öte yandan yaşam sevincimizi de sekteye uğratır. Mutlu olmak, büyümek, kahkaha atmak, sevmek, sevişmek örtülü bir şekilde yasaktır. Hep ölçülü davranmanız gerekir ve sizin birtakım görevleriniz vardır. Onları ifa ettiğiniz sürece sorun çıkmaz. Ama sizden beklentinin ötesinde bir şey yaptığınızda müthiş bir tepkiyle karşılaşabilirsiniz.

Unutmayın, bu yas size ait değil. Siz size ait olanı onurlandırın.

Bazen de iyileşmenin kendisinin hastalıklı ortamdan çıkmayı bilmek olduğunu hatırlayın.

Kayıp İkiz Sendromu

"Hoş geldiniz."

"Hoş bulduk."

"Nedir konumuz?"

Kırklı yaşlarındaydı, şöyle bir tebessüm etti.

"Hocam, benim çocuğum her şeyi 2 defa yapıyor."

"Ne demek istiyorsunuz?"

"Vallahi her şeyi 2 kere yapıyor."

"Biraz açar mısınız?"

"Odasına gireceği zaman odaya giriyor, kapatıyor ışığı, bir daha giriyor ışığı açıyor. Ya da mesela markete gidiyoruz. Tam bagajı dolduruyoruz, hareket edecekken tutturuyor bir daha bir daha diye. Arabadan iniyoruz, babası bütün poşetleri indiriyor, tekrar poşetleri doldurup arabaya biniyoruz ve ancak öyle hareket edebiliyoruz."

"Psikoloğa götürdünüz mü?"

"Evet, OKB'den şüphelendik yani takıntı bozukluğu var herhalde dedik ama OKB çıkmadı çocuk, bir arkadaşım sizden bahsetti, bunu görürse Tuna Hoca görür dedi ben de buraya geldim."

"Tekrar hoş geldiniz."

Alana başvurduk. Annesini babasını temsilen, çocuğu temsilen birini aldım. Bir baktım çocuğun temsilcisi sürekli yere bakıyor, yerde bir şey arıyordu. Danışana döndüm ve sordum:

"Başka çocuk kaybettiniz mi siz hiç? Düşük tarzı bir şey oldu mu?"

"Hayır" dedi. Çok net bir hayırdı. Ben de içimden "Allah Allah?" diye düşünüyordum. Çünkü ben her zaman alanda gördüğümü danışanın söylediğine tercih ederim. Çünkü bizler bazen unutabiliyoruz. Sonrasında çocuğun aradığı kişi için bir temsilci daha kaldırdım. Son temsilci alana girer girmez, çocuğun temsilcisiyle kol kola girip oyun oynamaya başladılar. Tam o sırada anneleri yani danışan şaşkınlıkla bağırdı.

"Aa hocam ben aslında hamileyken benim çocuğun yanında ikizi vardı. O düştü bu yaşadı."

Hepimiz durduk. Alana bir kez daha saygıyla baktık. Çocuğumuzun ölen kardeşini ruhunda yaşattığını anladık. Kayıp ikiz sendromuydu çocuğun yaşadığı. Bu benim ilk defa gözlemlediğim bir açılımdı.

Genelde ikizini yitirmiş kişilerde hayatı hep iki kişilik yaşama, başkalarının yardımına koşmaya çalışma, bir çeşit hayatı hak etme girişimi olduğunu gözlemliyorum. Bu insanlar daha çok yorulurlar. Kaynaklarını diğer insanlara göre daha fazla paylaşmaya çalışırlar. Ruhlarında sanki derinlerde bir suçluluk duygusu varmışçasına, sanki onu temize çekmeye, bir çeşit "Ne kadar iyi olursam kardeşimi de anarım ve aldığım bu hayatın hakkını veririm" gibi psikolojik bir inanç geliştirmiş olabiliyorlar. Ve böylelikle çocuğumuzu, hayat alamayan kardeşimizi hep beraber alanda gördük, anne babası onu bir kez daha gördü. Sarıldılar ve çocuğumuz kardeşine baktı, onun artık olmadığını net bir şekilde hep beraber gördük ve çalışmayı tamamladık.

Not: Sonrasında danışandan aldığımız haberlere göre, bu takıntıları, 2 kere yapmaları oldukça azalmıştı.

Benim Görünür Yaralarım Var

20'li yaşlarının sonunda bir hanımefendiydi yanımdaki sandalyede oturan. Özgüveni biraz düşüktü, sesi kısıktı, yan yana oturmamıza rağmen onu duymakta güçlük çekiyordum.

"Ben evlenmek istiyorum" dedi ürkek bir sesle.

"Size ne mâni oluyor evlilik için?"

"Bilmiyorum, olmuyor."

Kendini ifade edemiyordu belli ki...

"Peki, sevilmeyeceğiniz ya da beğenilmeyeceğinize mi inanıyorsunuz?"

"Yani, erkekler beni beğenmeyebilir."

"Ne için bunu söylüyorsunuz?"

"Ben çocukken kaynayan kazana düşmüşüm, dolayısıyla bedenimde birtakım izler var."

Ülkemizin tatil beldelerinden birinde yaşıyordu. Sürekli tişört, mayo ve bikini giyilen bir yerdi burası.

"Gösterebilir misiniz bir parça, gösterebileceğiniz kadarıyla?"

Biraz kolunu açtı. Kollarında derin yanık izleri vardı.

"Daha var mı?"

"Sırtımda da var" dedi. Biraz sırtındakine baktım. "Bacağımda da var biraz" dedi.

"Gösterebilir misiniz bizim için?" dedim. Gösterdi. "Şimdi sizden bir ricam var" dedim. Gruba döndüm.

"Burada gruptaki herkesin karşısına tek tek geçmenizi ve bir şey söylemenizi rica ediyorum sizden."

"Tabii."

Ayağa kalktı. "Şu sol baştan başlayalım" dedim. Oraya geldi. "O katılımcının gözünün içine bak ve ona şunu söyle: 'Benim görünür yaralarım var.' "

Biraz zor söyledi. Söylediği kişi de duygulandı. Yanındakine geçti. "Benim görünür yaralarım var." Yanındakine geçti. "Benim görünür yaralarım var." Bütün grubu tamamladıktan sonra yanıma davet ettim.

"Evet, hepimizin bir yarası var. Seninki sadece bizimkine göre daha görünür bir yerde. Seni niye beğenmesinler ki? Sen gayet iyi birine benziyorsun" dedim. Teşekkür etti. Sonra gruba döndüm.

"Aile Dizimi sadece atalara yaptığımız bir yolculuk değildir. Burada toplanma, cem etme halini de değerlendirmemiz gerekir. Aslında bu bir grup terapisidir. Bu açılımı burada kapatmak istiyorum, belki bir ay sonra gene yaparız ama gerek kalmayabilir de" dedim.

Ayağa kalktı, "Sarılabilir miyim hocam?" dedi ve çalışmayı sarılarak, bütün katılımcıların gözyaşı ile tamamladık.

Danışanımız birkaç hafta sonra telefon açtı ve evlilik teklifi aldığını söyledi. Bir iki ay sonra tekrar aradı ve düğün davetiyesi gönderdi.

Bazen içimizde tuttuğumuz, içimize attığımız, kendimizle ilgili yargılarımız enerji alanımızı bloke eder ve olabilecek şeylerin önünü tıkar. Bazen o bize zor gelen şeyin üzerine gittiğimizde, bunu dile getirebildiğimizde, bu konuda rahatladığımızda travma çözülmeye başlar ve bizim hayatımızı engelleme gücünü yitirir. Biz de hayattan alabileceğimiz kadarını daha rahat alabiliriz.

Bugün Olsa Yine Yaparım!

O gün gruba bir çift katıldı. Karıkocaydılar. Beyefendi ile çalışacaktık ama eşi de alandaydı.

"Nedir konumuz?"

"Ben yıllardır çalışıyorum, ama bu kadar emeğime, çabama rağmen bir türlü arzu ettiğim seviyeye getiremedim işlerimi. Artık kazancımın bereketini görmek istiyorum."

"Olsun o halde" diyerek alana başvurdum. Beraber geliyor olmalarından etkilenerek, önce karıkoca arasındaki dinamiği görmek istedim ve kocasının temsilcisiyle karısının temsilcisini alana aldım. Duruşları, birbirlerine karşı belli bir mesafedeydi ama sadece birbirlerinin gözünün içine bakıyorlardı. Karşılıklı duruyorlardı ama bir mesafe hissediliyordu aralarında. İkisi de gitmek istiyor ama gidemiyordu. Belli ki aralarında bir mesele vardı ve bu onları bloke ediyordu. Ben de bunu beyefendiye sordum.

"Siz sonradan mı geldiniz buraya?"

"Evet."

"Biz Ankara'daydık. Yani Ankara'da çalışıyorduk ve işlerim çok iyiydi."

"Ne oldu da buraya geldiniz yani başka bir şehre taşındınız?"

"Eşimin nefes sorunu ortaya çıktı, akciğerlerinde bir sorun oldu ve doktor 'Ankara'nın havası iyi gelmiyor, gidin deniz tarafında bir yere yerleşin' dedi. Biz de kalktık, buraya geldik."

"Buraya geleli kaç yıl oldu?"

"On beş yıl kadar oldu."

"Karıkoca mı çalışıyorsunuz?"

"Evet, karıkoca çalışıyoruz."

"Güzel de iş yaptığınızı düşünüyorum."

"Evet, biz iyi esnafızdır, ama işte elimizde avucumuzda kalmıyor, bir türlü istediğimiz seviyeye gelemiyoruz" diye devam etti. Teşekkür ettim beyefendiye ve temsilcileri yerlerine aldım.

Bu kez alana beyefendi ile hanımefendiyi davet ettim. "Lütfen ayağa kalkar mısınız? Alana buyurur musunuz?" dedim. İkisi de kabul ettiler. Hanımefendiye odanın en köşesine geçmesini rica ettim. Beyefendiye de tam karşı çapraz köşeye. Ardından beyefendiye döndüm "Eşinin gözlerinin içine bak ve ona şunu söyle" dedim: "Fatma, bugün olsa gene yapardım."

Bunu duyan eş hıçkırıklara boğuldu. "Bir daha söyle" dedim. "Fatma, bugün olsa gene gelirdim buraya."

Bir anda ikisi de hareketlenip alanın tam ortasında buluştular, sarılıp ağlamaya başladılar. Bütün grup çok etkilenmiştik.

"Artık hayatta varlığı da yokluğu da birlikte yaşıyorsunuz. Konuşulmamış söz ağırlaşır. Belli ki bunu ikiniz de birbirinize karşı sevginizden ötürü yapıyorsunuz. Hanımefendi niye eşinin yanında çalışıyor? Kendini suçlu hissediyor. Beyefendi niye bu kadar koşturuyor? Ailesini geçindirmek istiyor. Ama sevginizin yoğunluğu, bunu birbirinize itiraf etmenizi güçleştiriyor. Artık bunu bilinç seviyesine getirdik. Bilinçaltının dehlizlerinden çıkardık. Bundan böyle müreffeh bir hayat dilerim size."

Teşekkür ettiler ve yerlerine geçtiler.

Konuşulmamışı konuşmak, söylenememişi söylemek de Aile Dizimi'nin bir parçasıdır. Kadın-erkek dinamiklerinde, aile dinamiklerinde, eskilerin tabiri ile malumun ilamı denir buna, o malum olanın dile getirilmesi beklenir. Bazen Aile Dizimi'ni, biz bu olanı, o görünmez, ama malum olanı, ama dile gelmeyen şeyleri su yüzüne, gün yüzüne çıkartmak için kullanırız. Bu da kişileri ve sistemi rahatlatır, dengeye getirir. Burada aradığımız şey, bu açıklık ve dengedir.

"Konuşulmamış söz ağırlaşır. Artık bolluk ve bereket sizinle olsun" dedim ve çalışmayı kapattım.

Bu Benim Suçum Değil!

Vücudunun her yeri dövmelerle kaplı 30'lu yaşlarında bir hanımefendi otuyordu bu kez yanımdaki sandalyede. Bir süre gözlerine baktıktan sonra klasik olan açılışımı yaptım.

"Konumuz nedir?"

"Ben bir türlü köklenemiyorum."

"Köklenememenin ne gibi bir zararını görüyorsunuz?"

"Sürekli ev değiştiriyorum, iş değiştiriyorum, eş değiştiriyorum, hatta şekil bile değiştiriyorum. Kendi kabıma sığamıyorum. Herhalde artık bununla yüzleşmemin vakti geldi."

"Hoş geldiniz" dedim ve alana başvurdum, annesinin ve babasının temsilcisini kaldırdım, karşısına kendisini koydum. İkisine de sırtını dönmüştü danışanın temsilcisi. Oradaki dinamiği hemen anladım ve çocukluğunu temsilen birini kaldırdım. Çocukluğunun temsilcisi son derece mahcup, son derece ürkek, annesinin babasının gözünün içine bakamayan ve hemen büyük halinin arkasına saklanan bir hareket yaptı. Anlamıştım.

"Çocukluğunuzda çok üzücü bir travmanız mı oldu, anne babanıza söyleyemediğiniz bir şey mi bu?"

Ağlamaya başladı, anlamıştım, tacize uğramıştı. "Bunu söyleyemediniz mi? Bu başınıza geleni?" diye sordum. "Hayır" dedi. "Anladım sizi" dedim.

Çocukluk halinin elini tutmasını ve bu yetişkin haliyle anne babasının karşısına geçmesini ve öyle durmasını talep ettim.

Danışanım yavaşça çocukluk halinin elinden tuttu ve anne babasının gözlerinin içine baktı.

"Şimdi lütfen anne babanın gözlerinin içine bakarak bunları tekrar et: 'Baba, anne, çocukken başıma korkunç bir olay geldi, bunu size söyleyemedim. Ve bunun suçunu ben üstlendim. Yıllardır bu suçlulukla yaşıyorum. Ben tacize uğradım! O gün bugündür suçluluğumu bastırmaya çalışıyorum. Bedenimi süslemeye çalışıyorum ki kendimi sevebileyim.' "

Herkes için çok duygulu bir andı. Anne babasının temsilcileri titremeye ve gözyaşlarını akıtmaya başladılar. "Şimdi de yanındaki çocuk haline dön ve onun gözlerinin içine bak, ellerini avuçlarına al ve ona şunları söyle: 'Sen sadece bir çocuktun, senin bir suçun yok. Her çocuk kadar güçsüzdün, her çocuk kadar ne yapacağını bilmiyordun ve annenin babanın seni terk etmesinden, seni bir daha sevmemesinden, seni dışlamasından korktun. Sen her çocuk kadar korunaksızdın. Suçlu olan sen değilsin. İyi ki varsın, seni çok seviyorum.' "

Sarıldılar. Yine bir duygu boşalımı oldu. Ondan sonra tacizciyi temsilen birini aldım alana. Ve anne babasının gözü önünde çocukluk temsilcisine "Geç arkasına ve ona nazikçe vurmaya başla!" dedim. Çocuk hali geçti arkasına ve vurmaya başladı. Vurdukça tacizci başını öne eğdi ve bütün darbeleri bir manada sevinçle karşıladı. Babasının temsilcisi hareket etti. Annesinin temsilcisi hareket etti. Onlar da sırtına vurdular. Böylelikle o enerjiyi de alandan boşaltmış olduk.

Ardından küçük kızın temsilcisine döndüm. "İşaretparmağınla göster onu, suçlu olan o!" Bunu üç kez söylettim. Ondan sonra anne babası, herkes aile oldular, birlik oldular ve tacizcinin karşısına geçtiler. Babasının temsilcisi herkesi kollarıyla siper ederek arkasına topladı ve tacizcinin karşısına geldi. "Şimdi nasıl hissediyorsun?" dedim çocuğa. "Güvende!" diye cevap verdi. Danışanın temsilcisine, yetişkin haline sordum, "Nasıl hissediyorsun?" dedim. "Aile gibi" dediler. Annesinin temsilcisine sordum "Nasıl hissediyorsun?" diye. "Gücümü bulmuş gibi" dedi. Babasının temsilcisine "Nasıl hissediyorsun?" dedim, "Bilmiyordum, bilseydim çocuğumu korurdum. Ama bugünden sonra onunla daha çok ilgileneceğim" dedi.

Herkese teşekkür ettim. Temsilciler yerlerine oturdular. Danışanıma döndüm.

"Nasıl hissediyorsunuz?"

"Üstümden kamyonlarca yük kalkmış gibi."

"Umarım bu sizin köklenmeniz için başlangıç enerjisi olur" dedim, kendisini yerine aldım ve sonra gruba döndüm.

"Çocuklar fiziksel, cinsel veya sözlü tacize uğradıklarında bunu anne babalarına söylemekte genellikle güçlük çekerler. Onların kendisini suçlamasından, dışlamasından ve artık sevmemelerinden korkarlar. Dolayısıyla suçu üstlenirler. Ortadaki bu suç, onlara ait olmayan bu suç onların ruhuna artık işlenir ve derinden bir yerden, daima kendilerine bir içses yaratır ve o ses sürekli fısıldar: Ben suçluyum, ben suçluyum, ben suçluyum. Ve kadın olarak, güçsüz bir kadın olmamak için bir daha böyle şiddete maruz kalmamak için de oldukça güçlü bir profil oluştururlar kendilerine. Ama çocukluk hallerini koruyabilmek için yaptıkları bu strateji bir yerden sonra artık hizmet etmemeye başlar. Şimdilerde siz, oldukça güçlü, ayakları yere basan, eli ekmek tutan, yetişkin bir kadınsınız, kendinizi erkeklere karşı bu denli koruma ihtiyacınız olmamalı. Onun için erkeklere karşı gevşeyebilmeli ve bağ kurabilmek için kalbinizi tekrar açabilmeniz gerekiyor" dedim ve çalışmayı tamamladım.

Çocuklarım İçin Vazgeçtim

Yanımdaki hanımefendi ağlıyordu. Duygularını ifade etmesi için ona biraz zaman tanıdım. Gruptaki herkes sessizce bekliyordu. Bir süre sonra başını kaldırdı, gözlerine baktım. Hazır olduğunu hissettiğimde konuşmaya başladım.

"Hoş geldiniz, konumuz nedir?"

"Eşim beni aldatıyor."

"Ne zamandır?"

"Aslında hep varmış ama son beş yıldır diyebilirim."

"Siz ne zaman fark ettiniz?"

"Bundan aşağı yukarı bir yıl önce."

"Çalışıyor musunuz?"

"Çalışıyordum ama çocuklarım doğduktan sonra bıraktım."

"Eşiniz çalışıyor mu?"

"Evet, çalışıyor."

Biraz daha sakinleşmişti. Ama konuşurken sıklıkla başını öne eğiyordu.

"Pekâlâ, aldatılmak nasıl bir his sizin için?"

"Çok kötü."

"Sadece bu kadar mı?"

"İnsan çok kötü hissediyor, daha ne olsun?"

Tebessüm ettim ve alana başvurdum. Hanımefendinin babasını, annesini ve kendisini temsilen birini kaldırdım. Ardından da eşini temsil etmesi için birini daha kaldırdım. Anne babası kızlarına oranla eşine daha yakındılar. Ve eşi, alandaki en güçlü kişi gibi duruyordu. Buradan hareketle, danışanımın eşinin anne babasını da kaldırdım alana. Onlar da oğullarına yaklaştılar. Bir manada kadın tek başına kaldı. Anlamıştım, danışanıma döndüm ve sordum:

"Sizin anne babanıza maddi destekte bulunuyor mu eşiniz?"

"Evet, bulunuyoruz."

"Kendi anne babasına da destek oluyor mu?"

"Tabii, kendi anne babasına, kardeşlerine, kardeşlerinin çocuklarına sürekli maddi olarak çok para gönderir. Çok ilgilidir."

"Peki, bu ne zamandır böyle?"

"Evlendiğimiz günden beri böyle."

"Peki, kendi anne babasına bu kadar veren, sizin anne babanıza dahi bu kadar veren bir kişi dengeyi bozar. Artık eşitlik ilkesi ortadan kalkar. Vermemesi gerekenlere verdiği için, herkese verdiği için, almaya hak görür kendinde. Artık sizinle dengesiz bir noktada olduğu için, o veren, siz alan olduğunuz için dışarıda başka bir kadından almaya meyleder. Orada kendini erkek hisseder, orada kendini özgür ve dengede hisseder. Çünkü biz, birçok şey verdiğimiz birini kaybetmekten korkmayız. Az verdiğimiz, bizden az alanın bizi terk etmesinden korkarız."

Danışanım son derece dikkatli ve gözleri açık bir şekilde beni dinliyordu. Grup da öyle.

"Hadi şimdi denge kuralım" dedim. Erkeğin temsilcisine döndüm.

"Eşini görüyor musun?"

"Hayır."

"Kendi anne babanı görüyor musun?"

"Evet."

"Eşinin anne babasını görüyor musun?"

"Evet."

"Bir kez daha eşine bak, ne görüyorsun?"

"Silik bir şey görüyorum."

Danışanın temsilcisine sırtını dönüp yavaş yavaş gitmesini söyledim. Yavaş yavaş uzaklaşmaya başladı. Kadın uzaklaştıkça erkek, uzaklaşan eşine karşı daha dikkat etmeye başladı. Odanın en köşesine kadar gitti. Danışanın temsilcisine döndüm bu kez.

"Şimdi nasıl hissediyorsun?"

"Burada daha rahatım."

Tekrar eşinin temsilcisine dönerek sordum: "Sen şimdi burada nasıl hissediyorsun?"

"Onu merak etmeye başladım, gözüm şu an onda."

Tekrar kadın danışanımın temsilcisine döndüm. "Sizin onu hiçbir zaman bırakmayacağınıza o kadar emin olmuş ki biz kaybetmekten korkmadığımızın peşinden koşmayız. Eşitlik ilkesini de bozmuşsunuz, siz sadece anne olmuşsunuz. Niye kadınlığınızı geri plana çektiniz?"

Tekrar ağlamaya başladı.

"Bunu çok net görüyorum. Anne olduktan sonra hem işinizi bırakmışsınız. İşi bırakmak burada çok semboliktir. Hayatınızı çocuklarınıza adamışsınız. Eşinize de bir manada onun eşi, kadını gibi değil de çocuklarınızın annesi gibi mi davrandınız?"

"Evet, çocuklarımla çok ilgilendim."

"Temel dinamik bu. Şimdi ikiniz de karar vereceksiniz. Siz burada gördüklerinizi içinize alın, bir hafta kimseye anlatmayın. Sizin içsel resminizin dönüşmesini bekleyelim, ondan sonra eşinizle olan ilişkinizi lütfen düzenleyin. Daha varlığınızı ortaya koyacak şekilde, daha kadın, daha birey ve onu terk edebilecekmiş bilincine geldiğinizde eşinizin dikkatini çekecek ve onunla daha dengeli bir yere doğru ilerleyeceksiniz, öyle inanıyorum. Bir desteğe ihtiyacınız olursa seve seve sizi destekler veya başka birine yönlendirebilirim."

Bunları söyleyerek danışanımı yerine aldım. Teşekkür ettim, o da bana teşekkür etti. Sonra gruba döndüm.

"Kadın-erkek ilişkilerinin temeli alma-verme döngüsüdür. Aldığımız kadar vermeyi, verdiğimiz kadar almayı bilmemiz gerekir. Birine orantısız verdiğinizde, ondan alan mahcup hisseder ve ilk vereceği şey özgürlüğü olur. Buradaki denge anlayışı, her büyük bir şey aldığında kendi özgürlüğünden büyük parçalar vermeyi gerektirecektir. Bir gün gelecektir ki artık siz kendinizi verecek bir şeyi dahi kalmamış, özgüveninizi yitirmiş bir halde bulursunuz. Kadın-erkek ilişkilerinde dengeyi gözetmeyi geliştirmemiz gerekir. Kadın-erkek ilişkileri dinamiğinde gitmenin bir opsiyon olarak masanın üzerinde daima bulunması, bizim bir manada sigortamızdır. 'Ölürüm de seni terk etmem', 'Terk edersen seni öldürürüm' gibi söylemler aslında ilişkiyi baltalarlar. 'Ben seninle mecbur olduğum için değil, seninle olmayı seçtiğim için seninleyim' diyebilmek çok yüce bir şeydir. Lütfen bu dengeyi ilişkilerinizde gözetiniz" diyerek çalışmayı kapattım.

Ben İkinciyim

O gün yine başka bir çift başvurmuştu. "Kim gelmek ister yanıma?" diye sordum. Hanımefendiyi işaret etti sevgilisi. "Buyurun" dedim. Hanımefendi yanımdaki sandalyede yerini aldı.

"Ben sevgilimle geldim."

"Lütfen işaretle gösterin bize sevgilinizi ve adını söyleyin."

Gruptaki kişiyi işaret etti ve adını söyledi.

"Hoş geldiniz."

"Hoş bulduk."

"Nedir konumuz?"

"Vallahi hocam, çok tuhafınıza gidebilir ama artık son çare size geldik."

"Son çare demeyelim ama siz sözünüzü tamamlayın."

"Size tuhaf gelebilir. Biz 7 yıldır beraberiz ama bir türlü evlenemiyoruz."

"Ne demek evlenemiyoruz? Biraz açar mısınız?"

"Vallahi bir kere nikâh dairesine giderken arabamızın lastiği patladı. Öğle arasında gidiyorduk ya da izin almıştık işten, bütün o vaktimizi lastik tamiri ile geçirdik. Bir keresinde de yine nikâh başvurusu için giderken, şirket kapısından adım attığım anda bir toplantı çıktı, beni geri çağırdılar. Sonra başka gün gideriz dedik ama bu sefer erkek arkadaşıma seyahat koymuşlar. Buna benzer bir sürü olay oldu, biz bir türlü evlenemiyoruz."

"İkinizden birinin ikinci evliliği mi olacak?"

Şaşkınlıkla "Evet" dedi danışanım.

"Kimin ikinci evliliği olacak?"

"Benim. Ama ne alakası var?"

Tebessüm ettim.

"İkinizi de alana davet edebilir miyim? Bunu yapabilir misiniz?"

İkisi de kabul etti, ikisini de alanda karşılıklı bir konuma getirdim.

"Hanımefendinin ikinci, beyefendinin de ilk evliliği olacak herhalde?"

Teyit ettiler. Beyefendiye döndüm.

"Hanımefendinin gözünün içine bak ve sadece şunu söyle." Belli bir süre gözünün içine baktırdıktan sonra şunu söylettirdim:

"Fatma, ben ikinciyim."

Erkek danışanım biraz sarsıldı. Kadın danışanım gözyaşlarını tutmakta güçlük çekti.

"Lütfen tekrar edin."

"Ben ikinciyim."

"Nasıl hissettiniz?" diye sordum beyefendiye.

"Tuhaf hissediyorum, tuhaf bir rahatlama hissi gelmeye başladı ama."

"Harika! Lütfen bir daha tekrar edin."

"Fatma, ben ikinciyim."

Sarıldılar ve ben de çalışmayı kapattım. Gruba döndüm:

"Bir kadın ile bir erkek evlenmek istediklerinde, eğer bir tanesinin ikinci evliliği olacaksa, toplumda genellikle ilk evliliği yokmuş gibi davranılır. O kişi adeta sınır dışı edilir, yok farz edilir. Halbuki orada yaşanmışlıklar vardır ve bu hakikatin ta kendisidir. Daha önce bir evlilik vardır ve bitmiştir. Dolayısıyla dengeli bir yeni sistem oluşturabilmek için geçmiş sistemi saygıyla anmamız gerekir. Partnerimizin geçmişini yok sayarsak ya da partnerimiz geçmişini bizden saklarsa, ortada bir dengesizlik olur. Bir kişi ile bir araya gelmek onun bütün geçmişini de kabul etmek demektir. Biz sırtımızdaki küfelerle buluşuruz, küfemizdeki şeyleri yok sayarsak, geçmişimizi yok sayarsak, birinin anılarına yok demiş oluruz ve orada bir dışlama yaparız. Lütfen eski ilişkilere hürmetle bakmayı, o hakikati hürmetle görmeyi geliştirelim ve bir ayrılığı da çok kaliteli yapalım. Yeni bir sistem kurmadan önce herkesin kendi bahçesini temizlemiş olmasına da dikkat edelim" dedim ve çalışmayı bitirdim.

Bendeki Sorun Neydi?

"Nedir konumuz?"

"Ben boşandığımdan beri hiç ilişki kuramıyorum. Evliliğimde de eşim benden ayrılmak istedi."

"Çocuğunuz var mı?"

"Bir kızım var."

"Nasıl ilişkiniz?"

"Arkadaş gibiyizdir."

"Hımmm. Niyetiniz nedir?"

"İyi bir ilişki kurabilmek istiyorum."

"Olsun o halde" dedim ve alana başvurdum. Hanımefendinin anne babasını temsilen, kendini temsilen birini kaldırdım. Oradaki duruşlarından tuhaf bir şey olduğunu gördüm.

"Annenizle bağınızı çok zayıf görüyorum."

"O benim üvey annem."

"Öz annenize ne oldu?"

"Ben çok küçükken beni evlatlık vermişler."

"Peki" diyerek biyolojik anne babasının temsilcilerini de aldım alana. Danışanın çok net bir ikilem yaşadığını orada çok net bir şekilde görüyorduk. Ve yine çok net bir şekilde gözüken bir şey vardı ki o da bağlanma bozukluğu yaşadığı idi. Çünkü hissetmemeye çalışıyor, kendini tutuyordu. Yakınlık kuramadığını görüyordum. Çünkü çocuğunu da kaldırmıştım. Annelik yapmayı bilmediğinden kendi kızıyla arkadaş olmayı seçmişti belli ki. Yapabildiği tek şey buydu.

"Bu sizin canınızı yakıyor mu? Evlatlık verilmek?"

"Yo, üvey annem, üvey babam çok iyi insanlardı."

"Ben bunu sormadım. Sizin canınızı yakıyor mu?"

Duraksadı. Biraz düşündü.

"Yo."

"Çok inandırıcı gelmiyor bana şu an."

Yine duraksadı.

"İnsanın canı yanmaz mı?"

"Bilmem."

"Nihayetinde insan sorguluyor: Neden benden vazgeçtiler? Beni niye verdiler ki?"

Biyolojik annesinin karşısına geçmesini söyledim. Gönülsüz bir şekilde biyolojik annesinin ve babasının önüne geçti.

"Lütfen onların gözlerinin içine bak."

Hâlâ duygularına izin vermiyordu. Savunma mekanizmaları son derece güçlüydü.

"Bir şey hissetmiyorum."

Belli ki bir şey hissetmemek için sabote ediyordu kendini. Çünkü söz çoğunlukla hissin yerini alır. Gruba döndüm.

"Hissetmekten korktuğumuzda konuşmak isteriz. Özellikle spesifik bir duyguya dokunmak istemediğimizde onunla ilgili o an ya espri yapma ya da konuyu değiştirme ihtiyacı duyarız."

Sonra danışanımı tekrar cesaretlendirdim. Omzuna hafifçe vurdum. Yaklaştım iyice.

"Lütfen annenin gözlerinin içine bak."

Derin bir iç çekerek annesinin gözlerinin içine baktı.

"Babanı da görüyor musun?"

"Görüyorum."

"Şimdi onlara şunu söyle: What was wrong with me? Bendeki sorun neydi?"

Söyledi. Hanımefendideki savunma mekanizmaları inmişti. Gözleri dolmaya başladı. Annesinin temsilcisinin de gözleri dolu doluydu, babasının temsilcisinin de...

"Bir daha söyleyin."

"Bendeki sorun neydi?"

Çok rahatlamıştı. Anne babasının başlarını öne eğdiğini gördük. Belli ki mahcuplardı.

"Niye vermişler sizi?"

"O zaman maddi imkânlarımız çok yokmuş. Ben de üçüncü çocuk olarak doğunca... Çocuğu olmayan bir aile de babama bunu söylemiş, babam da anneme söylemiş. Benim iyiliğim için, benim daha iyi şartlarda yaşamam için beni üvey anne babama vermişler."

"Bunu öğrendiğinizde kaç yaşındaydınız?"

"İlkokula gidiyordum."

"Size söylediler mi?"

"Bir gün tesadüfen öğrenmek zorunda kaldım."

"Travmatik miydi?"

"Burada hakikati söylüyoruz değil mi?"

"İyileşmek için geldik."

"Evet, travmatikti."

"Şimdi çocuğunuza dönüp bakın."

Çocuğuna döndü.

"Ne görüyorsunuz?"

Başladı ağlamaya.

"Sizde de belli oranda bir suçluluk duygusu mu var çocuğunuza karşı?"

"Evet."

Çocuğun temsilcisi hemen koştu annesine sarıldı. Sözü aldım yine.

"Bu iyi bir şey değil. Çocuğunuz size vermeye çalışıyor. Çocuk küçüktür, siz büyüksünüz. Ve anneyle çocuk arasında orantısız bir denge vardır. Zira büyük daima küçüğe verir. Eğer kendi annenizle, biyolojik annenizle sağlıklı bir bağlantı kurarsanız ve ikame annenizle de daha saygılı bir ilişki kurarsanız, biyolojik annenizi anarsanız, biyolojik annenizi ruhunuza, gönlünüze koyarsanız o zaman bağ kurabilir, hislerinizi tekrar açığa çıkartabilirsiniz."

"Çok iyi anladım sizi."

"Tekrar annenize dönün."

Tekrar annesine döndü.

"Şimdi ona şöyle deyin: 'Bana hayattaki en büyük hediyeyi verdin, yaşamımı verdin. Ve beni sevdiğin için, benim iyiliğim için beni başkasına verdiniz. Keşke ben sizin şartlarınızla, sizin yanınızda büyüyebilseydim.' Ve herkese sarıl."

Anne baba ve çocuk hepsi birbirine sarıldılar. Belli bir süre yoğun duyguların akışına izin verdiler.

"Nasıl hissediyorsun?"

"Çok rahatlamış."

"Şimdi ikame anne babanın karşısına gel lütfen, onların karşısında hürmetle eğil sadece, o kadar."

Hürmetle eğildi.

"Şimdi nasıl hissediyorsun?"

"Daha iyi."

"Şimdi çocuğunun karşısına gel. Onun gözlerinin içine bak."

Çok daha müşfik bakıyordu.

"Nasıl hissediyorsun?"

"Güçlü."

"Evet, siz bir yetişkinsiniz, bir annesiniz. Çocuğunuza gönlünüzce verebilir ve onu sevebilirsiniz."

Kollarını açtı, çocuğuna sarıldı. Özür diledi çocuğundan. Uyardım.

"Lütfen özür dilemeyin. 'Ben annemi tanıyamamıştım, anneliği seninle öğreniyorum' deyin. Devamında şunu söyleyin: 'Ben senin annenim, ben senin büyüğünüm. Elimden geldiğince sana bütün ihtiyaçlarını vermeye gönüllüyüm.' "

Alan iyice rahatlamıştı. Herkese dönerek "Nasıl hissediyorsunuz?" diye sordum. Herkes rahat ve iyi olduğunu söyledi. Ben de çalışmayı kapattım.

Gruba döndüm ve konuşmaya başladım.

"Bir insanın sevebilmesi için sevilebilmiş olması gereklidir. Biz nasıl sevildiysek sevgiyi de öyle tanımlarız ve bundan sonraki hayatın akışında o sevgi dilini paylaşırız. Ama sevildiğimizden emin olmadığımızda, bunu hissedemediğimizde, bu sözde ya da davranışta kaldığında, içimizde bir boşluk oluşur. Bu boşluk da ömür boyu kapatmaya çalıştığımız bir şeydir. Bazılarımız mesleki başarı ile, bazılarımız ebeveynlik yaparak, bazılarımız kötü alışkanlıklarla bu boşluğu doldurmaya çalışır. Ama bazen bu boşluğun kendisini görmekte fayda vardır. Anne babamız bizi bizim istediğimiz gibi sevmediğinde, o sevgiyi akıtamadığında, bizim artık bu farkındalıkla bunu kapatabilmenin yollarını öğrenmemiz, kalbimizi daima açmayı bilmemiz gerekir. Sevgi, sözde olan bir şey değildir. Sevgi daima aksiyon ister. Kuru kuruya seni seviyorum demek yetmez. Sevginin, sevmenin karşılığını daima vermemiz, göstermemiz gerekir."

Çalışmayı kapattım.

Para İçin Sevgisiz Kaldım

Çift olarak gelmişlerdi. "Hanginiz geleceksiniz?" diye sordum, beyefendi "Ben" diye cevapladı. Solumdaki sandalyede yerini aldı ve ben de dikkatle gözlerine baktım.

"Nedir konumuz?"

"Para" dedi. "Benim parayla ilgili bir derdim var sanırım" diye devam etti.

"Derdinizi anlamak isterim."

"Bir türlü dikiş tutturamadım. Elimden geleni yapıyorum ama hep para sıkıntımız oluyor. Düzensiz kazanıyorum diyebilirim."

"Pekâlâ bakalım nedenmiş?" dedim ve dizimi başlattım. Parayla kendisinin temsilcisini aldım. Önce aralarındaki dinamiği görmek istedim. Para ona yakın ve yüzü dönük olmasına rağmen kendi temsilcisi pek yüz vermiyordu. Hatta paranın temsilcisi birkaç hamle yaptı yaklaşmak veya görülmek için ancak nafile. Bunu gördükten sonra baba ve annesini dahil ettim alana. Babası uzak ve yorgun duruyordu, annesiyse oğluyla kocası arasında bir yerde endişeliydi. Temsilcilere ne hissettiklerini sordum, babası "Ağırım, yorgun hissediyorum" dedi. Annesiyse "Mahcup gibi hissediyorum kendimi" dedi.

"Sizin aileniz 'Alamancı' mı?" diye sordum.

"Evet" dedi beyefendi. Tebessüm ettim.

"Seni kaç yaşında kime bırakmışlar?" diye sordum.

"Ben burada doğmuşum, annemle babaannem bakmış bana. İki yaşında annem de gitmiş Almanya'ya babamın yanına ve beni altı yaşında aldılar."

Mesele anlaşılmıştı benim için. Beyefendinin temsilcisinden baba ve annesini görecek şekilde bir yer seçmesini istedim ve onlara "Para kazanmak için beni terk ettiniz. Ben öyle anladım" dedirttim. Çalışmadaki herkes sanki nefesini tutmuş, donmuş bir şekildeydi. Beyefendiye döndüm ve "Eşinizi sever misiniz?" diye sordum. Son derece net bir şekilde "Evet" dedi. "O benim canım."

"Sanki eğer para olursa yalnızlık olur, sevgisizlik olur. Yeter ki sevgi olsun, yakınlık olsun ama para olmasın diyorsunuz aslında fark ettiniz mi?" diye sordum. Ve eşine dönerek, "Buraya bile sizinle gelmesi size olan sevgisini ve sadakatini gösteriyor. Onun sevgisini görüyor musunuz?" dedim. Yaşlı gözlerle başını salladı.

"O halde..." dedim. "Lütfen eşinize bakın ve ona şunu söyleyin: 'Ben, sen kolaylıkla ve çok para kazandığında da seninle olacağım. Nasıl kazanamadığında bile yanındaysam, kazandığında da seninle kalmaya devam edeceğim.' " Tüm grup bu çiftin arasındaki bağdan ve sevgiden etkilenmişti. "Şimdi eşinizin yanına dönebilirsiniz" dedim ve çalışmayı kapattım.

Yaşam şartlarından ötürü ailesinin böyle zor bir karar alması aslında ebeveyninin çocuklarına verdiği değerin göstergesi. Onlar, çocuklarını korumak ve onların geçimini, büyümelerini, yetişmelerini sağlamak için bu zorlu kararı almışlardı. Alamancı gruplarda bu ikileme ne yazık ki çok sık rastlıyoruz. Mevcut şartların daha iyi olmasını istemek aidiyeti kurban etmek anlamına geliyor ve daima bir gurbetçi psikolojisiyle yaşıyorlar.

Bu özel açılıma da dikkat edersek burada para için bir çocuğun terk edildiğini görüyoruz. Bu nedenle çocuk ailesine kızgındı. O da bunu sevgiyle bağlı olduğu eşine düzenli para kazanmayarak gösteriyor, aslında eşine "Bak ben para kazanmıyorum ama seni asla terk etmiyorum, bakalım sen beni terk edecek misin?" diyordu. Çocukluğundaki güvensizliği bu şekilde taklit ediyordu.

Bu Benim Kürtajım

"Oğlum. Oğlum yurtdışına gitti okumak için. Ben döner diye bekledim. Ama ne yazık ki dönmedi. Hatta artık benimle konuşmuyor, iletişimini kesti."

Yanımda oturan hanımefendinin bir süre ağlamasına izin verdim. Ağlamak duyguları akıtmanın, yüzleşmenin, izin vermenin, rahatlamanın iyi bir yoludur.

"Bu sizi çok mu kırıyor?"

"Elbette çok kırıyor, ben onun annesiyim."

"Konuştunuz mu niye böyle yapıyormuş?"

"Bana hiçbir şey söylemedi."

Çaresizce başını eğmiş elindeki kâğıt mendili çekiştiriyordu. Oğlunun sessizliği ağır bir yük olarak binmişti omuzlarına.

"Peki, nedir beklentiniz çalışmadan?"

"Oğlumun bana dönmesini istiyorum."

Tebessüm ettim.

"Biz büyücülük yapmıyoruz, oğlunuzu size getiremeyebiliriz ama neden sizinle görüşmediğini, konuşmadığını, uzak durduğunu anlayabiliriz. Bu belki bazı şeyleri şifalandırabilir."

"Haklısınız."

Hanımefendinin eski eşini, kendisini ve çocuğunu temsilen birilerini kaldırdım. Kendi babasına bakma ihtiyacı duymadım. İçsel olarak öyle bir sezgim vardı. Zaten eski eşini kaldırdığımda –çünkü basının nerede olduğunu sormuştum ve ayrıldık demişti– oldukça uzak ve öfkeli olduğunu gördüm. Oğlan da ona yakın duruyordu ve hanımefendi de ikisine birden bakıyordu ama bir duygusu yoktu. Gayet soğuk, stabil duruyordu.

"Eski eşinizi size öfkeli görüyorum alanda, bunu bana biraz izah eder misiniz?"

"Ya işte biraz, biz, şey, ayrıldık... Zaten ancak bu kadar katlanabildim. Ayrıldık... Önce beni bırakma dedi, bilmem ne yaptı? Çok çabaladı aslında..."

Bölük pörçük kelimelerle hikâyeyi özetlemeye çalıştı.

"Evliliğini sürdürmek için, boşanmamak için mi çabaladı?"

"Evet."

"Peki siz bu çabaları gördünüz mü?"

"Çabaladı ama işte yani ondan bir şey olmaz ki... Bu adam hep böyle işte..."

Olayı anlamıştım. Derin bir iç çektim.

"Keşke biraz daha saygılı bahsediyor olabilseydiniz eski eşinizden bahsederken. Hem eski eş olarak hem bir erkek olarak, evladınızın babası olarak."

"Hak etmiyor ki, her zaman o güçsüz biriydi zaten."

Tebessüm ettim. Tekrar alana baktığımda, oğlunun temsilcisinin yere baktığını, yerde bir şey aradığını gördüm. Ve bunu öfkeyle ifade ediyordu.

"Allah Allah bir çocuk kaybınız oldu mu sizin? Çocuğun bir kardeşi var mıydı?"

"Bir tane kürtajım var."

"Çocuğunuzdan önce mi yoksa sonra mı?"

"Sonra."

"Nasıl ele aldınız? Beyefendi nasıl karşıladı bunu?"

"Babasının haberi yok ki!"

"Beyefendinin haberi yok muydu kürtajdan?"

"Hayır, gittim ben aldırdım. Benim kararımdı bu."

"Çok özür dilerim bunu sormak zorundayım, ama babası..."

"Anladım anladım, yok beyefendidendi çocuk."

"Niye haber vermediniz peki?"

"Ne değişecekti ki?"

Ben yine tebessüm ettim ve tekrar alana döndüm.

"Bazen fevri kararlar alırız. Bu biraz bencilce de olabilir. Bu fevri kararlar farkında olmadan birtakım sonuçlar ortaya çıkarır, tıpkı bir domino taşının yarattığı etkiye benzer bir etkidir bu. Siz zaten ikinci çocuğunuzu kürtaj yaptırarak ve bunu onunla paylaşma zahmeti ve saygısında bile bulunmayarak onu, erkekliğini ve babalığını sınır dışı etmiş oldunuz. Oğlan da şimdi ruhunda hayat alamamış kardeşi ve babasına yapılan saygısızlığın bedelini sizden uzak durarak ödüyor olabilir mi?"

Şaşırdı. Tekrar ağlamaya başladı.

"Olabilir" diye kısık bir ses duyuldu. Elindeki kâğıt mendil neredeyse parçalanmıştı.

"Güzel, bakın kalbiniz açılmaya müsait."

"Peki ne yapabiliriz? Çocuğum benimle görüşecek mi?" diye sordu yine.

"Lütfen bana böyle şeyler sormayın. Siz sadece yüreğinize odaklanın. Gönlünüzde babasından özür dileyin ve artık onu yargılamayın. Siz bu hale gelin, bu enerji ortadan kalkacaktır ve çocuğunuz da belki artık sizinle daha iyi bir bağ kurabilecek ve sizinle görüşecek bir hale gelecektir" dedim. Teşekkür ettim. O da teşekkür etti. Çalışmayı kapattık.

Gruba döndüm.

"Kürtaj hayatın bir gerçeğidir. Bunu yok sayamayız. Etkilerini de yok sayamayız. Her kürtajın, düşüğün, dış gebeliğin etkileri olacaktır. Dolayısıyla bir çocuğun anne ya da babasını sınır dışı ederseniz, çocukların ruhunda bir şey olur. Bunu lütfen gözetin ve her şeyin başının hürmet olduğunu, saygı olduğunu hep hatırlayın."

Bu Ormana Sincap Giremez!

"Evlenmek istiyoruz ama evlenemiyoruz."

Dizlerini birbirine değdirerek oturan bir çift duruyordu yine karşımda.

"Kim gelmek ister?" diye sordum. Hanımefendi geldi, genelde kadınlar anlatmaya erkeklere göre daha gönüllüdür.

"Lütfen partnerinizi bize bir kez daha tanıtır mısınız?"

Gruptaki parterini parmağıyla işaret etti. "Partnerim bu" dedi. İsmini söyledi.

"Nedir konumuz?"

"Biz evlenmek istiyoruz. 7 yıldır beraberiz. Ancak evlenemiyoruz."

"Neden?"

"Babam Mehmet'le evlenmemi istemiyor."

"Niye?"

"Mehmet Alevi olduğu için."

"Burada iki katmanlı bir meselemiz var" diyerek döndüm gruba. "Bir tanesi Fatma ile Mehmet'in neden evlenemediği meselesine bakacağız. Fatma, babasının zorluk çıkaracağını bile bile neden Mehmet'i hayatına davet etti ve 7 yıldır onunla? Madalyonun diğer yüzüne gelirsek, Mehmet niye böyle zorlu bir maceraya kendini teslim etti? İki katmanı birlikte çalışacağız. Ama bugün ilk katmanından başlamak istiyorum. Daha sonra muhtemelen yine geleceksiniz" dedim. Başlarıyla onayladılar.

Birinci katmana başladım. Fatma'nın anne babasını, Fatma ve Mehmet'i aldım alana. Fatma'nın babası son derece katı ve sert duruyordu. "Nasıl hissediyorsun?" diye sordum. "Ben epey güçlü biriyim ve bütün buraya hükmetmek istiyorum" dedi. Annesine sordum. "Normalim, iyiyim ben" dedi. Fatma'nın temsilcisine sordum. Beden dili her şeyi anlatıyordu aslında, babasına karşı mahcup ve el pençe divan duruyordu. "Nasıl hissediyorsun?" dedim. "İşte benim babam böyle biri" dedi.

"Şimdi babanın gözlerinin içine bak ve şunu söyle: 'Ben Mehmet'le evlenmek istiyorum, senin icazetini almak, gönlünce izin vermen benim için çok önemli.' "

Söyledi. Babasının tepkisi asla yumuşamadı. Hâlâ sert duruşunu sürdürdü. Sonra gruba döndüm.

"Biri birini dışladığında, dışlananın ruhuna ne olur? Biri birini dışladığında ona öl der, adeta yaşam ve ölümün efendisi kendisiymiş gibi davranır."

Grup buz kesti. Danışana döndüm.

"Baban burada ne yapıyor anladın mı?"

"Anladım."

Katılımcılar arasında Mehmet'e döndüm.

"Nasıl hissediyorsun?"

"Üzgün ve öfkeli."

"Tanrı inancın var mı?"

"Ben Allah'a inanırım hocam."

"Ne güzel, babanla ilişkin nasıl?"

"Babam etkisiz elemandır."

"Öyle söylemeyelim babamız hakkında. Benim babam kendi gücünde bir adam de."

"Benim babam kendi gücünde bir adam."

"Bu sana nasıl hissettirdi?"

"İyi geldi."

"Lütfen böyle de Mehmet, güçlü bir babaya ihtiyaç duyduğunda al sana güçlü bir baba işte" dedim. Şaşkınlıkla beni izledi. Fatma'ya döndüm.

"Babanın işlediği günaha ortak olmak ister misin?"

"Hayır ama o kabul etsin istiyorum."

Ben de Fatma'ya döndüm. "Ya babanın kızı olarak kalacaksın ya da yetişkin bir kadın olarak kendi hayatının kararını verecek ve ona göre bir adım atacaksın hayata, buna karar vermelisin" dedim. "Bugün sizin için yapabileceğim bundan ibaretti" diye ekledim. Teşekkür ettik karşılıklı. Yerlerine geçtiler. Gruba döndüm.

"Dışlama, Aile Dizimleri'nde en önemli konu başlıklarından biridir. Biri birini dışladığında o sistemde bir şey meydana gelir. Dininden, dilinden, mezhebinden, sosyolojik durumundan, psikolojik durumundan, ekonomik durumundan hangi sebeple olursa olsun, birini veya birilerini dışladığımızda yaşam ve ölümün efendisi gibi davrandığımızı hatırlayın. Bizler aynı ormanda yaşayan varlıklarız.

Siz hiç şöyle bir orman gördünüz mü? Ormanın girişinde bir tabela asılı ve şu cümle yazıyor: 'Bu ormana sincap giremez.' Lütfen hem kendi ailenizde hem kendi vicdanınızda dışladığınız şeylerin bir listesini yapın. Ve bunlarla yüzleşip helalleşmeye bakın."

Siz değerli okuyucum, siz de tam burada lütfen ailenizden öğrendiğiniz, çevrenizden öğrendiğiniz ya da kendi vicdanınızda geliştirdiğiniz Alevi'ydi, Sünni'ydi, Fenerbahçeliydi, Galatasaraylıydı, zengindi, fakirdi, kısaydı, uzundu dışladığınız şeylerin lütfen listesini yapın. Onlara bir bakın. Onlarla bir bağ kurmaya çalışın. Bilinçdışından bunlarla ilgili gelen etkileri gözlemleyin.

Örneğin, "Şu şehirden adam çıkmaz" inancını verdiyse babanız, dikkat edin hayatınızda tam da o şehirden çok fazla sayıda insan olur. Mal sahibiniz, patronunuz, iş arkadaşınız, yakın arkadaşınız genellikle hep o şehirden çıkar. İşte bunlara biz bilinçdışının etkisi diyoruz. Hafif bir hayat yaşamak için, bereketli bir hayat yaşamak için dışlanmışlıklarınızı, dışlamışlıklarınızı artık sonlandırmanız gerekir.

Unutmayın aynı ormanda, herkesin rızkı kendine huzur içinde yaşayabilecek potansiyelde varlıklarız bizler.

Sevginin Saklı Simetrisi

Biraz zaman geçtikten sonra ikinci katmanı çalışmak için yine aynı çiftle bir aradaydık. Bu sefer Mehmet'e baktım ve "Bugün sıra sende" dedim. Mehmet yanıma geldi.

"Evet Mehmet nasıl hissediyorsun ilk dramadan sonra?"

"Vallahi hocam bayağı bir çalkaladınız bizi."

Tebessüm ettim. "Çok severim" diye cevap verdim.

"Fatma ile nasılsınız?"

"İyiyiz ama ikimiz de biraz sarsıldık."

"Oh şifa olsun. Babanla ilişkin nasıl?"

"Vallahi hocam çok güzel bir deneyim yaşadım geçen sefer. Ama bir türlü babama o saygımı gösteremiyorum ve aramızda bir kopukluk var."

Hemen alana başvurdum. Babasını temsilen birini ve Mehmet'i temsilen birini aldım. İkisi de kalktılar ve alanda stabil durmaya başladılar, hareket etmiyorlardı ve birbirlerine bakmıyorlardı.

"Görüyorum, ilişkiniz kopuk herhalde?"

"Kopuk hocam."

"Peki" dedim. Dedesini temsilen birini aldım yani babasının babasını, büyükbabayı seçtim. Büyükbabanın temsilcisi de ayağa kalktı, alana girdi. O da hareket etmiyordu, stabildi, o da bakmıyordu kimseye.

"Gördün mü? Baban babasından alamamış, alamadığı için sana veremiyor. Erkek kanalında tıkanıklık olabilir, erkek kanalından beslenememiş olabilirsin."

"Doğrudur hocam."

Dedesinin de babasını kaldırdım alana. Onu kaldırınca çıkar çıkmaz salonun ortasına geldi ve kendini yere attı.

"Dedenin babasına ne olmuş?"

"Hocam, Çanakkale Savaşı'na gitmiş ama dönmemiş."

"Kayıp baba mı?"

"Bilmiyoruz, babaannem birkaç sene beklemiş, sonra onun kardeşiyle evlendirmişler onu."

Dedesinin ve babasının yerde yatan büyükbabalarının yanına gelmesini istedim. İkisi de başucuna geldiler. "Lütfen diz çökün yanında" dedim. İkisi de diz çöktüler. Yerde yatanın oğluna babasının omzuna dokunmasını istedim. Dokundu. Onun arkasındaki oğluna babasının sırtına dokunmasını söyledim. Dokundu. Mehmet'e döndüm "Şimdi hepsinin arkasına geç, sen de dokun". Birbirlerinin omuzlarına dokunmaya başladılar ve bir süre sonra hepsinin gözlerinden yaşlar akmaya başladı.

"Ancak kurban olduğunuzda, ancak güçsüz olduğunuzda, ancak silik olduğunuzda mı bu atayı anabiliyorsunuz?" diye sordum. "Onun kaderini görmeniz gerekir bu vatan için ve inandığı şeylerle ilgili. Ne kadar erkekçe bir şey yaptığını, ailesini terk etmek uğruna inandığı şey için, vatanı için, bütünlük ve namus için ödediği bedeli görün" dedim. Grup çok etkilendi.

"Çünkü erkekler ölüme yatkındır, kadınlardan farklı olarak. Ve bir kavram için başkasını öldürebilirler, kadınlarsa bunu yapamazlar. Bu çok erkeksi bir şeydir. Aslında bu adam çok güçlü bir erkekmiş."

Hepsi bundan çok ciddi beslenmeye başladılar. Sevginin bu saklı simetrisini burada akıcı bir enerjiye dönüştürdükten sonra herkes kalktı. Bütün temsilcilere tek tek sordum: "Nasıl hissediyorsunuz?" Herkes çok iyi hissettiğini söyledi.

Mehmet'in temsilcisi hariç herkesi yerlerine aldım. Fatma'nın babasını kaldırdım tekrar, Fatma'nın babasının karşısına geçmesini söyledim Mehmet'e. Karşısına geçti, çok daha güçlü ve net bir şekilde. Fatma'nın temsilcisini aldım. Fatma'nın temsilcisi ikisinin arasında bir konumda durdu yine.

Mehmet'e döndüm. "Sen kendine bir eş mi arıyorsun? Adamın kızını mı istiyorsun? İstediğin eş bu adamın kızı farkındayım. Ama ona seçim hakkı tanımıyorsun, bence ona seçim hakkı tanımalısın" dedim. Fatma'ya döndü ve elini uzattı temsilci. Fatma da orada dondu kaldı.

"Unutma Mehmet, Fatma'nın babasının gözlerinin içine bak. Hz. Ali ile Hz. Muhammed arkadaştılar, akrabaydılar ve kardeş gibi büyüdüler, hiç husumetleri yoktu. Bu bizim için yeterli olmalı."

Sonra Fatma'ya döndüm. "Babanı zorla mı evlendirmişler annenle?" diye sordum. Cevabı "Evet" oldu. Görücü usulü evlenmişlerdi. "Belli" dedim. "Kalbi kapalı, bir türlü gevşeyememiş eşine. Onun hayatına müdahale etmişler, dolayısıyla o da başkalarının hayatına müdahale etme hakkını kendinde görüyor. Burada tekrar ediyorum, Fatma seçimi tekrar sen yapacaksın."

Teşekkür ettim, teşekkür ettiler, alandan herkesi aldım.

Buradan ne mi anlıyoruz?

Buradan şunu anlıyoruz, evlenme kararı çok önemli bir karardır. Tabii ki en ideali anne babamızın onayıyla, gönül onayıyla olmasıdır. Ama bunun olamadığı durumlarda yetişkin olarak biz, kendimizle baş başa kalırız. Hani dedik ya yetişkinliğin ilk adımı anne babaya karşı gelip o ilk suçu işlemektir diye. İşte bu suçu işlemekte ne kadar geç kalırsak ilerleyen yaşlarda bu suçu işlemek daha da zor hale gelir. Çünkü Fatma 37 yaşındaydı. Geç kalınmış bir günahın getirdiği sonuçlar bu denli zorlu oluyordu.

"Böylesi daha iyi olacak hem Fatma için hem Mehmet için" dedim gruba. "İkisi de net bir şekilde kiminle ve ne şartlarda evleneceğine yetişkince karar verecekler ve bütün sonuçlarına katlanacaklar."

Çalışmayı bitirdim.

Bu Yük Bana Çok Ağır

Bazı Aile Dizimleri'nin öncesinde danışanla özel bireysel çalışma yapmamız gerekir. Konu bazen buna ihtiyaç duyar. Bir çeşit soyağacı çalışması olan genogram almam gerekir. Kendi geliştirdiğim bir yöntemle aileye dair bana gerekli bilgileri topladığım bir seanstır bu. Babamızın ve annemizin ailesinin sırayla tüm çocuklarının, kayıplarının, trajedilerinin önceden bilinmesi gerekir. Biz önceden çalışılmasını söylemeyiz zira danışanın karşımda neleri bilmediğinin de önemi vardır benim için. O kadar çok insan babaannesinin, anneannesinin, dedesinin isminden bihaberdir ki şaşarsınız.

8 sene boyunca babasının cinsel tacizine uğramış danışanım yanımda yerini aldığında, onu psikolojik olarak o günkü çalışmaya önceden hazırlamıştım. Grupta hiç kimse hikâyesinin bu tarafını bilmiyordu. Bana geldiğinde içdünyası oldukça karmaşıktı. Kendi için bir şeyler yapamıyordu. İşlerinde ve romantik ilişkilerinde tutunamıyor, depresif bir tablo çiziyor ve kendini sevememenin getirdiği her olumsuzluğu yaşıyordu. Hayatı, kendi deyimiyle, bir türlü düz ilerletemiyordu. Dağınıktı ve kötü düşüncelerinin adeta esiri olmuştu.

"Niyetinizi söyleyin."

"Niyetim, evlenip anne olabilmek."

Açılım için babasının temsilcisini, annesinin temsilcisini ve kendisinin temsilcisini aldım. Zaten annesiyle babası çok kopuk, birbirlerine oldukça uzak duruyorlardı. Danışanım da onlara uzakta bir konumdaydı. Bir üçgen oluşturmuşlardı. Ama danışanımın temsilcisi öfkeliydi. Elini yumruk yapmış, tetikte beklemekteydi.

"Babana doğru yaklaş."

Önce küçük bir adım attı.

"Yaklaş babana."

Biraz daha yaklaştı.

"Yaklaş."

Bir adım daha... Bir adım daha...

"Oradan annene bak."

Annesine bakar bakmaz gözyaşlarını tutamadı. Çaresizlik içinde tepinmeye başladı.

"Babanın yaptığından ziyade annenin bunu biliyor olması canını daha çok yaktı sanırım."

Orada ayaklarını yere vurarak çığlık atmaya başladı. O içindeki yoğun duyguyu atması gerekiyordu. Ben yanındaydım. Onu da zaten cesaretlendirmiştim daha önce. Bunu yaşaması önemliydi. Müsaade ettim. Çığlık atmaya devam etti. Gruptaki herkes bu enerjiyi anladı. Herkes gözyaşlarını siliyordu.

"Önce babana dön ve şunu söyle: 'Baba, bunu annem için yaptım.' Sonra annene dön ve şunu söyle: 'Anne bunu senin için yaptım.' "

Annesinin temsilcisi orada bayılır gibi oldu, yere düştü. Bu duyguyu yaşamasına müsaade ettim temsilcisinin. Artık o konuşulmamış şey tamamen yüzleşilmiş ve bilinç seviyesine bir anlamda su yüzüne çıkartılmıştı.

"Nasıl hissediyorsun?"

"Biraz rahatladım ama öfkeliyim."

Öfkesinin normal olduğunu söyledim. Tekrar babasına ve annesine bakmasını söyledim. Onlara baktıkça öfkesiyle beraber doğal olarak sempatik duygular da açığa çıkmaya başlıyordu. Ebeveynlerine kızlarına "Sen özgürsün, bu senin suçun değil" demelerini istedim. Gruba döndüm.

"Her çocuk bir şekilde ailesinin dağılmamasını ister. Çocuğun aileye çok ihtiyacı vardır. Hem annesine hem babasına... Aidiyet duyguları çok yüksek olduğu için sistemi bir arada tutmak için insan, gerekirse kendinden çok büyük ödünler verebilir. Bu çocuğun ailesine olan yoğun ihtiyacı, yoğun sevgisinden kaynaklanır. Bu kadar büyük bir şeye bile katlanabilmiş, annesinden babasından görebileceği bir sevgi için bu denli ağır bir şeye katlanabilmiş bir çocuk görüyoruz şu anda.

Burada annenin bunu biliyor olmasına rağmen çocuğunu korumaması, babanın çocuğuna karşı böyle bir tacizi yıllar boyunca sürdürmesi iki temel suç olarak karşımıza çıkarken bu suçları bile anne babası yerine kendisi üstlenmiş, koca yürekli bir çocuktan söz ediyoruz. Bu denli büyük bir yük, bir çocuğun kaldırabileceği bir yük değildir. Şimdi biz bundan sonra bu çocuğu da iyileştirecek, olanı olduğu gibi daha yetişkin bir perspektiften ele alacak ve tekrar hayata, sevgiye, bağlara, aile kavramına inanabilecek, güvenebilecek seviyeye geleceğiz."

Enseste maruz kalan çocuğun temsilcisini ve diğer herkesi alandan aldım.

"O çocuk halinin gözünün içine bak ve ona de ki: 'Sen bir çocuktun, çok büyük bir yük üstlendin. Omuzlarındaki bu yükü artık senden alıyorum. Ben senden oluşan kadınım ve seninle gurur duyuyorum. Çocuk olmana izin veriyorum. Çocuksu merakın, çocuksu neşen artık geri gelsin. Ben senden oluşan yetişkin kadınım. Artık senin için ben varım ve ben kimse için hayatımdan ödün vermek zorunda hissetmiyorum. Hele böyle büyük bir suçu üstlenecek kadar güçlü de hissetmiyorum. Ben kendi gücümü buluyorum. Annemi bir anne gibi, babamı bir baba gibi görüyorum. Annemi anne gibi seviyor, babamı bir baba gibi sevmeyi seçiyorum. Ben artık kendi hayatımın sorumluluğunu üstleniyor ve kendi istediğim yolda yürüyorum. Unutma, senin daima yanındayım. Çocuksu neşen, çocuksu merakın, çocuksu mutluluğuna artık izinlisin. Yaşamla ilgili bütün sorunları ben çözebilecek, seni ve beni koruyabilecek güce geldim.' "

Yaptı. Nasıl hissettiğini sorduğumda iyi ve güçlü hissettiğini söyledi. Çalışmayı kapattık.

Bu bir çocuğun kaldırabileceğinden çok daha büyük bir yük, çalışmanın içerisindeyken de söylemiştim. Bu terapi gerektirecek hassas bir konu. Ensest, taciz, tecavüz gibi vakalar çok hassas vakalardır. Belki bir grup insan çıkıp diyebilir ki: "Sen herkesin içinde bunu nasıl ifşa edersin?" Belki korumacı psikologlar diyebilir ki: "Sen kızı tekrar travmatize ettin."

Ben progresif bir danışmanım. İnsanların içsel olarak güçlü olduklarına inanırım. Bu gücü çıkarmakla ilgili cesaretlendirilmeye ve desteklenmeye ihtiyaç duyarlar o kadar. Korumacılar ebeveyn gibi yaklaşım gösterirler. Bense yetişkinden yetişkine bir ilişki kurmak isterim.

Şunu da vurgulamak isterim. O günkü açılıma kadar danışanı hazırladık. Hazır bir alana çıktı. Kendi seçti. Bununla yüzleşeceğimizi söylemiştim ona. Güçlendirdik, hazırladık, yanında da ben vardım ve yüzleşti.

İnsan için en zor şeylerden biri yüzleşmek meselesidir. Onun vereceği acıdan kaçınmak isteriz. Acı çekmekten kaçınırız. Çoğunlukla, kendimize göre geliştirdiğimiz psikolojik savunma mekanizmalarıyla hayatımızı sürdürmeyi tercih ederiz. Farkında olmadan daha defansif bir hayat yaratırız kendimize. Savunma mekanizmalarının aşırı kullanılması ya da olgunlaşmamış savunma mekanizmalarının kullanılması psikopatolojiye işaret edebilir. Aslında benliğimize yararlı ve işlevsel olan savunma mekanizmalarının dozu, kullanım şekli şiddetlendikçe benliğimize zararlı yani patolojik hale gelmektedir. Bu anlamda başka bir risk yaratırız. Üstelik yüzleşme içinde cesaret barındırmasıyla kişinin kendi içsel gücüne temas etmesi açısından oldukça faydalı olabildiği gibi onu yetişkin bilinci seviyesine taşıması anlamında da oldukça faydalıdır.

Kendiyle, yaşadıklarıyla, olduğu gibi yüzleşebilen bir insanın gücüne ulaşmanız zordur. O güç öyle içten, öyle derin bir yerden çıkar ki onu bir daha yaralamak iyice zorlaşır. Ve yaralanmaya karşı bağışık birini yönetmeniz, maniple etmeniz oldukça güçleşir...

Hem Kurban Hem Failiz

Psikiyatr bir arkadaşım danışanlarından biriyle çalışma yapıp yapamayacağımı sordu. Danışan bipolardan mustaripti.

Danışanım yanımda yerini aldığında önce nasıl hissettiğini sordum, iyiydi. Yorgun bakıyordu, üstü başı biraz dağınıktı. Herhangi bir rahatsızlık hissederse haber vermesini söyledim. Alanda doktoru da vardı. Sorununu sordum. Bipolar hastası olduğunu söyledi.

"Ne zaman aldınız teşhisi?"

"10 küsur sene önce aldım."

"Tedavinize devam ediyor musunuz?"

"Evet ediyorum. Doktorum da burada. Bert Hellinger'in bir kitabında okumuştum bipolarla ilgili Aile Dizimi çalışılabiliyormuş."

"Evet, belli şartlarda yapabiliyoruz."

"Ben de şifa bulmaya geldim."

Kendisine çalışmanın şifalı olmasını arzu ettiğimi ama bir beklenti içinde olmamasını söyledim. Belki sadece dinamikleri görebileceğimizi ifade ettim. "Bu benim için önemli" dedi. Çünkü danışanım neden bu hastalığı yaşadığını anlamlandırmak istiyordu.

Bipolar bozukluk diğer bir adıyla manik-depresif bozukluk kişinin ruh hali, enerjisi, konsantrasyonu ve günlük yapılan aktivitelerini yerine getirme becerisini etkileyen bir psikolojik-psikiyatrik rahatsızlıktır. Bipoların en belirgin özelliği kişinin ruh halinin uçlarda olmasıdır. Bipolar bozukluk en yüksek seviyedeyken kişi hiperaktif bir ruh haline bürünür ve kendini çok mutlu hisseder. Fakat depresyon haline büründüğünde ise dış dünyaya kendini kapatabilir ve hatta intihar eğilimi gösterebilir.

Alana başvurdum. Kendisinin temsilcisini, hastalığının temsilcisini, anne babasının temsilcisini aldım. Hastalığının temsilcisi hareket halindeydi. Yavaşça ilerliyordu ama sürekli hareket ediyordu. Kendisinin, anne ve babasının temsilcileri stabillerdi. Ama babasının sürekli iç çektiğini ve içinin sıkıntılı olduğunu gözlemledim. Babasının temsilcisine yaklaşıp ne hissettiğini sordum. İçinin çok sıkıntılı olduğunu söyledi. Ben de danışanımıza dönüp babasının hiçbir akrabası ya da kardeşinin cinayet, hapse düşmek, birinin ölümüne sebebiyet vermek gibi benzer bir hadise yaşanıp yaşanmadığını sordum. Küçük amcası 80'li yıllarda sağ-sol çatışmalarında birini öldürmüştü. Bir süre hapse girmiş, ondan sonra çıkmış ama hayatını bir türlü toparlayamamıştı. Evlenememiş ve de ölmüştü.

"Bu nasıl bir etki yarattı ailenizde?"

Yıkıldıklarını, çok zor olduğunu söyledi.

"Kimi öldürmüş? Nasıl olmuş? Biliyor musunuz?"

"Vallahi bilmiyorum, bir çatışma olmuş. Onun öldürüp öldürmediği de belli değil. Bu kadar biliyorum."

Alana küçük amcayı temsilen birini ve öldürdüğü kişiyi aldım. Buna kurban-fail ikilemi diyoruz. İkisini alana alınca danışanımın temsilcisi bir onun yanına, bir diğerinin yanına gidip gelmeye, hareketlenmeye başladı. Sonra ben bir kez daha gördüm ki bazı psikiyatrik hastalıklar, kişinin ruhunda aynı anda iki kişiyi temsil etmesiyle birlikte ortaya çıkabiliyor. Hem kurbanı hem faili...

Küçük amcasıyla öldürdüğü kişiyi yakınlaştırdım. Yan yana getirdim. Karşılarına da danışanımızın temsilcisini koydum. Zaten o ikisi hemen birbirlerine döndüler. Birbirlerinin gözlerinin içine baktılar ve herkese çok tuhaf gelecek şekilde sarıldılar. Bunu gözlemleyen danışanım oldukça rahatlamış görünüyordu. Çünkü ikisini ilk defa aynı karede görüyordu ve bu alandaki ruhların kavuşması ona iyi gelmişti.

Danışanımın hafifçe omuzlarından tuttum, "İkisine birden bak" dedim. İkisine birden baktı. Ailesini de ben kendi arkama aldım. Sonra sertçe omzundan çevirdim ve ailesine de baktırdım.

"Burası nasıl?"

"Çok daha iyi."

"Kimsin burada?"

"Onların çocuğuyum."

"Onların çocuğu olmak nasıl bir şey?"

"Çok özlediğim bir duygu."

"Hadi artık, onlara sarılabilirsin."

Çok duygulanmıştı. Sarıldı. Gruba döndüm.

"Çok şaşırdınız biliyorum. Kendisini öldüren bir insana sarılan bir ruh gördünüz ve bir katilin kurbanıyla ilişkisini gördünüz. Biz insanlar için ne kadar tuhaf değil mi? Halbuki ruhlar âleminde mesele bizim düşündüğümüzden, bize burada öğretilenlerden daha farklı tezahür edilebiliyor. Böylesi büyük olaylarda büyük kaderler oluşur ve bu çok büyük bir fark yaratır. Bu fark, artık onları bir yapar. Onlar artık yeni bir sistem oluştururlar ve sistemimize bir manada dahil olurlar. Kurbanı ya da faili bir şekilde sistemimizden ittiğimizde, dışladığımızda, sistemler dışlama enerjisiyle karşılık verir. Halbuki bu denli büyük bir fark ortaya koymuş biri artık bizden sayılır. Bunu anlamanız, bunu kabul etmeniz hatta belki bunu görmeniz bazılarınız için zor olacak. Bunu anlayabiliyorum. Ama bir zaman sonra ne demek istediğimi belki siz de daha iyi hissedeceksiniz."

Çalışmayı kapattık.

Aile Dizimleri'nde psikotik temelli hastalıklar, eğer bir travmaya bağlı değilse geçmişte ölen-öldüren kişileri ruhsal düzlemde temsil edenlerde gözlemlenen bir şeydir. Manik depresif, şu an için çözümü, iyileşmesi, tedavisi kolay olmayan bir hastalık, bu vakalarla çok dikkatli ve özenli çalışmak gerekir. Zira danışan manik bir atak yaşayabilir, manik devreye girebilir, orada birtakım şeyler olabilir. Onlarla ancak doktorların gözetiminde çalışılmasını uygun buluyorum.

Danışanımıza ne oldu, acaba iyileşti mi diye merak edeceksiniz. Hayır iyileşmedi. Ama doktoruyla birkaç ay sonra konuştuğumuzda daha stabil, daha iyi bir tablosu olduğundan söz etti. Bu da bizim için yeterliydi.

Peki ya Buğdayı Veren?

Bir gün bir bey geldi. Yumurta topuk ayakkabısı, takım elbisesiyle yaşadığı yerde etkili bir iş insanı görünüme sahipti.

"Hoş geldiniz, nedir konumuz?"

"Vallahi hocam son zamanlar işler iyi gitmiyor. Bizim bir iki arkadaş size gelmiş, fayda görmüş. Ben de ne yapacaksanız yapın diye geldim."

Tebessümle dinledim söylediklerini.

"Peki..." dedim. "Sizi dinliyorum."

Gururlu bir ifadeyle devam etti anlatmaya.

"Eskiden büyük bir fabrikamız vardı. 300 kişiye ekmek veriyorduk. Üreticiyiz. Sonra sıkıntılara girdik. İyice küçüldük, sonra olmadı kapadık. Sonra ekmek vermek lazım bu insanlara dedik, tekrar bir atılım yaptık bir arkadaşla. Şimdi 70-80 kişiye ekmek veriyoruz ama bu bize yetmiyor. En az 300 kişiye ekmek vermemiz lazım."

"Ekmek vermek ne demek sizin için?"

"İşte insanlara iş, aş vermek, evlerine ekmek götürüyorlar fena bir şey mi bu?"

"Yok, bunda bir fenalık yok" dedim, tebessüm ettim ve ekledim: "Peki ya buğdayı veren?"

Bir an kaldı. Sanırım ne demek istediğimi anlamıştı.

"O zaman..."

"Sizinle başka zaman çalışalım ve siz bunu bir düşünün" dedim ve çalışmayı bitirdim.

Bazen kendimizi olduğumuzdan daha önemli, daha güçlü, daha yüce biri gibi hissetmek isteyebiliriz. Bu, arzularımızı ve kendimizde eksik olanı gizleme çabamızdır. Kibir yaralayıcıdır. Sahtedir. Burada olduğu gibi bazen ulaşmak istediğimiz bencil arzumuzun daha akla yatkın, daha masum haliyle pazarlanmasıdır. Pekâlâ kendimiz için istediğimiz bir şeyin "kibirli gözükmemesi" işimize yarayabilir, tevazu gösterme çabası bile bazen bir çeşit kibirdir.

Irvin D. Yalom'un *Nietzsche Ağladığında* kitabında bahsettiği gibi:

"Kemikleri, eti, bağırsağı ve kan damarlarını toplayan deri nasıl insanın görünümünü katlanılır hale getiriyorsa, ruhun ajitasyonu ve ihtirası da kibirle kaplanmıştır. Kibir, ruhu kaplayan deridir."

Hep Uzaktaki Erkekleri Seçiyorum

"Ben hep uzakta olan erkekleri seçiyorum. Hep şehir dışında ve hatta ülke dışında erkeklerle beraber oluyorum. Bunun ben farkında değildim. Bir arkadaşım size gelmiş. Bireysel seanslar almış. Dolayısıyla ben de şu an bu çalışmaya başvuruyorum ki bu konuda yapılabilecek bir şey varsa artık iyi bir ilişki kurmak istiyorum."

30'lu yaşlarında bir hanımefendiydi yanımdaki.

Alana anne babasını ve kendisini temsilen birilerini aldım. Anne baba aslında birbirlerine yakındılar ama birinin bir hareketinden, bir jest, bir mimiğinden etkilenerek danışana döndüm hemen.

"Anne veya babandan biri evlenmeden önce gönlünde, kalbinde başka biri var mıymış?"

Çok şaşırdı, duraksadı.

"Babam... Aslında Ayşegül diye bir hanım varmış. Onunla evlenmeyi çok istiyormuş. Ama bir türlü evlenememişler. Ayşegül'ün ailesiyle babamın ailesi husumet mi yaşıyormuş ne? Ondan sonra zaten başka bir ailemizin dostuyla annemi tanıştırmışlar ve evlenmişler."

"Neden kavuşamama enerjisi yaşayamadığınızı hep beraber anlamış olduk işte."

Herkes sustu, derinleşti ve alana Ayşegül Hanım'ı aldım. Ayşegül Hanım'ın temsilcisi alana geldi ve babasının temsilcisiyle bir anda buluştular. Birbirlerinin gözünün içine baktılar. Onu görünce daha çok gözyaşı dökmeye başladı danışanım ve temsilcisi de aynı anda ağlamaya başladı. Nasıl hissettiklerini sordum.

"Çok şaşkınım, bunun böyle bir şeye sebebiyet vereceği dünya yıkılsa aklıma gelmezdi."

"Artık biliyoruz ki babanın kavuşamamışlık enerjisi var. Sen de Ayşegül Hanım'ı bir manada yüreğinde, ruhunda temsil etmiş olabilirsin."

Sonra babasıyla Ayşegül Hanım'ı bir arada tekrar görmesini istedim. Babasının temsilcisinin de annesinin yanına gitmesini istedim. Babasının temsilcisi annesinin yanına gittikten sonra, birbirlerinin gözlerinin içine bakmalarını istedim. Karısı "Ben ikinciyim" dedi. Babası teşekkür etti. Sarıldılar. Onlar da rahatladı, alan da rahatladı, danışanımız da rahatladı. Ayşegül

Hanım'a uzaktan baktık. Annesine döndüm. "Ayşegül Hanım'a bakın ve sizin kavuşamayışınıza saygı duyuyorum deyin lütfen." O da bunu söyledi. Ayşegül Hanım'ın temsilcisi de rahatladı. Böylelikle güzel, huzurlu yine sevginin aktığı bir alan yarattık ve çalışmayı tamamladık.

Şimdi tam da burada, özellikle uzakta, şehir dışında, başka ülkede insanlarla ilişki kuran, kurmaya çalışan veya bu ilişkinin içinde olan insanlar çoğunlukla kavuşma ve özlem enerjisini barındırırlar. Özlem ve kavuşamama enerjisini yaşayanlar lütfen saygılı bir biçimde anne ve babalarının daha önce, birbirleriyle evlenmeden önce gönüllerinde başka biri olup olmadığını öğrensinler. Sonra size bahsettiğimiz bu drama çalışmasındaki gibi bu insanları görüp onlarla helalleşip kendi yollarına devam edebilirler.

Özlem çok büyük bir duygudur. Ama kavuşmak gibisi yoktur.

Annemden Uzak, Miyoma Yakın

"Benim çok inatçı miyomlarım var. Doktorum almak istedi. Ben ameliyat olmak istemediğimi, korktuğumu söyledim. O da sizi önerdi, belki işe yarar dedi. Ben de geldim."

Grupta gülüşmeler oldu. Ben de bir espriyle karşılık verdim. "Ben burada ameliyat yapmıyorum."

Fiziksel hastalıkların çoğunun altında psikosomatik nedenler olduğunu biliyoruz. Hep söylediğim gibi tıbbi tedavisini alan kişilerle görünmeyen etkiler alanında çalışabiliyoruz. Çalışmadan sonra tekrar doktoruna başvuracağı ve o ne derse yapacağı konusunda sözünü aldım.

"Pekâlâ, bakalım neden böyle uzun zamandır miyomlarla mücadele ediyorsunuz?"

Alana anne babasının ve kendisinin temsilcisini aldım. Annesiyle çok kopuktu, babasıyla daha yakındı.

"Babanızla daha mı yakınsınızdır?"

"Evet, annemden ziyade ben babamla dertleşirim, o benim dert ortağımdır."

"Neden annenizle aranız iyi değil?"

"Bilmem hep öyleydi. Sağ olsun bakımımı hiç ihmal etmedi ama duygusal bakımı hiç alamadım ondan. Çocukluğum boyunca hep benimle rekabet ettiğini hissettim."

"Siz o zaman o 'babasının güçlü kızlarından' mısınız?" dedim.

"Evet, ben babamın kızıyım. Hem oğluyum hem kızıyım aynı zamanda çünkü tek çocuğum."

"Annenize biraz daha yakın olma şansınız var mı?"

"Bu saatten sonra zor."

"Ama annenize uzak olmak kadınlığınıza uzak olmak demektir. Burada size ideal bir kadınlık ölçütü vermek istemem. Ama erkek güneşi temsil eder, kadın ayı temsil eder. Erkeğin erkekleşmesi onu büyüten erkeğe duyduğu saygıyla, kadının da kadınlık melekelerinin tamamının potansiyelini kullanabilmesi annesine yakınlığıyla sağlanabilir."

"Aslında son zamanlarda arıyor da ben çok şey yapmıyorum..."

Nedenini sordum.

"Çünkü çocukluğumda babam hep üzgündü. Annem babamı üzüyordu bence. Çok işkoliktir ve bencil bir kadındır annem."

"Annenizle babanızın ilişkisine bu kadar müdahil olmanız ne kadar normal bir durum?"

"Değil tabii de insan bir şekilde dahil oluyor."

"Bence bugünden itibaren artık bu durumdan çıkmalısınız."

"Bundan çıkarsam ne yani, şimdi benim miyomlarım mı iyileşecek?"

"Ben miyomlarınızın iyileşip iyileşmeyeceğini bilmiyorum. Ama şunu biliyorum. Kadınların kadınlıkla, cinsel kimlik ve cinsel enerjileriyle ilgili bir sıkıntı olduğunda genellikle bunların miyom, polikistikover, çikolata kisti gibi şeyler olarak kendilerini gösterdiğini gözlemledim. Bunu çözmenin ilk adımı anneyle olan ilişkiyi onarmaktan geçiyor. Öyle gözlemliyorum yıllardır ben. Üstelik annenizle ilişkinizi onarmanızın ne gibi bir zararı olabilir ki size? Risk de barındırmıyor. O sizin dünyaya gelmenize vesile olan biri ve ilk kadınlık figürünüz. Dolayısıyla ona yüreğinizde ve ruhunuzda daha çok yer verebilirsiniz."

Böyle deyince iyice yumuşadı. Sonra temsilcisini aldım, kendisinin kalkmasını istedim alana. Alana geldi, annesinin karşısına geçti. Annesinin gözlerinin içine bakmasını söyledim. Bakıştılar. İkisi de bir anda ağlayarak sarıldılar. Belli ki birbirlerini çok özlemişlerdi. Bir süre duygularını yaşamalarına izin verdim.

"Nasıl böyle daha mı iyi?"

"Evet, daha iyi hissediyorum. Eve döner dönmez annemi arayacağım. Hatta yarın onu bir kahve içmeye çıkaracağım."

"Benden de selam söyleyin" dedim, çalışmayı kapadım.

Annesi güçlü bir kadındı. Hatta babasından da güçlü. Nasıl beslenebilirdi ki annesinden, üstelik babasını üzgün görüyorken? Biz olmamız gerekenden daha yakın duruyoruz ebeveynimizin ilişkisine. Burada taraf seçmek zorunda kalabiliyoruz. Birini içimize alıp diğerini dışarıda bırakıyoruz. Böylelikle onunla birlikte onun temsil ettiği şeyleri de içeri alamamış olmuyor muyuz?

Baba ve annemizi oldukları gibi içeri almanın, saygıyla bir yer vermenin ve ilişkilerinden uzak durmanın mümkün ve hatta düşündüğünüzden daha kolay olduğunu söyleyebilirim...

Anne, Özür Dilerim Seni Kurtaramadım

"Hocam ben bir türlü dikiş tutturamıyorum."

"Ne demek bu? Biraz açar mısınız?"

"Tam bir işe başlıyorum, bir şey olmak üzere, iş olmuyor. Bir yerde dükkân açıyorum, bir sene, bir buçuk sene sonra tam yanına dünyanın en büyük markası geliyor iflas ediyorum. Bir türlü para kazanamıyorum. 35 yaşına geldim. Hâlâ daha dikili ağacım yok. Tırmalıyorum ama olmuyor ve artık çok yoruldum."

Henüz daha 30'lu yaşlarındaydı beyefendi. Belli ki gerçekten çabalıyor ama bir türlü meyvelerini toplayamıyordu.

Alana başvurdum. Anne babasını ve kendisini temsilen birilerini kaldırdım. Temsilciler alandaki yerlerini alır almaz zaten ben meseleyi görmüş oldum.

"Annenle baban arasında çocukluğunda çok itiş kakış mı vardı? Çatışmalı ve çekişmeli bir ortamda mı büyüdün?"

"Evet. Bağırış çağırış olurdu, kavga dövüş olurdu. Dolayısıyla huzursuz büyürdük."

"Kaç kardeşsiniz?"

"Üç."

"Sen en büyük müsün?"

"Evet."

"Evli misin?"

"Boşandım. Çocuğum yok. Şimdi bir sevgilim var. Onunla evlenmek istiyorum ama bir türlü maddi olarak kendimi toparlayamıyorum."

"Annesine eksik olan, eksik kalan, bütün kadınlara eksiktir."

Temsilcisine annesinin karşısına geçmesini, onun gözlerinin içine bakmasını ve şunu söylemesini istedim: "Özür dilerim, seni kurtaramadım." Bunu söyletmemle, temsilcisiyle, beyefendinin ağlayışları birbirini izledi. Buna anneleri de katıldı. O an anlamıştı ki annesini kurtaramamanın suçluluk duygusunu ruhunda yaşatıyordu. Böylelikle fiziksel dünyada bir türlü eril gücünü ortaya koyamıyordu. Tüm gruba hitaben konuşmaya başladım.

"Annemizin çok şikâyet ettiği babamız, erkekler üzerinde güçlü etkiler bırakır, 'kötü bir babaya' sahipsek annemiz de bundan şikâyetçiyse, çoğunlukla üzgünse ve mutsuzsa erkek çocukları annelerini kurtarmaya meylederler. Zaten kahramanlık erkek çocuğunun olayıdır. Burada şöyle bir sıkıntı olur; anneyi kurtarmak ister, ancak çocuk olduğu için gücü yetmez. Bununla birlikte bir zaman sonra 'kötü babasından' da uzak durur. Böylelikle kendi içindeki erkeklik de sekteye uğrar. Bir yandan baktığınızda güçlü bir erkek figürüyle büyüyememenin ya da tu kaka edilmiş, beğenilmemiş erkeklik algısı nedeniyle erkekliği yarım kalır. Kadına baktığında da kendini yetersiz ve güçsüz hisseder. Annesine eksik olan bir erkek bütün kadınlara eksiktir. Böylelikle çevremizde gördüğümüz bir türlü dikiş tutturamayan, para kazanamayan ve bir dikili ağacı olamayan bir erkeğe baktığınızda onun altında genellikle kurtaramadıkları annelerini ve feyiz alamadıkları babalarını görürüz.

Bir kadının bir erkeği erkekleştirmeye gücü yetmez. Keza bir erkek de bir kızı kadınlaştıramaz. Erkeğin babasını öyle veya böyle dışladığınızda veya kötülediğinizde, onun içindeki erkeklik figürünün hasar alacağını bilmelisiniz. Gönül ister ki anne ve babalarımız keşke kendi sorunlarını, kendi aralarında çözebilseler ve bize bunu aksettirmeseler. Ancak ne yazık ki küçük evlerde kalabalık aileler olarak büyüdüğümüz toplumumuzda her türlü yaşanan şey gözler önünde olmaktadır."

Teşekkür ederek çalışmayı kapattık.

Neden Hep Evli Erkekleri Çekiyorum?

"Ben neden sürekli evli erkeklere çekiyorum kendimi? Bunu bugün anlamaya geldim."

40'lı yaşlarında bir hanımefendiydi. Oldukça kadınsı ve güçlü bir duruşu vardı.

Hemen alana başvurdum. Annesinin babasının ve kendi temsilcisini aldım. Alandaki dizilimlerinden bir resim belirdi. Buna istinaden danışanıma "Babanız annenizi aldatır mıydı?" diye sordum. Cevap pek kesin geldi.

"Ohooo!"

"Bu alenen miydi?"

"Evet."

"Hiç herhangi bir kadınla yüz göz oldunuz mu?"

"Ne yazık ki..."

"Nasıl olur anlatır mısınız?"

"Annem kadının telefonunu bulmuştu. Arardı, ona küfrederdi. Bana telefonu verirdi, bana da küfrettirirdi. Bir iki kere de onun çalıştığı yere gittik. Beni yanında götürdü ve onu takip etmemi, onu görmemi istedi."

"Nasıl geldi bu size, bu bir çocuk için çok ağır bir deneyim değil mi?"

Derin bir iç çekti ve ağlamaya başladı.

"Peki babanızın hayatında özellikle sizi zorlayan bir kadın var mıydı?"

"Evet."

İsmini sordum, Meltem'di. Meltem Hanım'ı temsilen birini aldım alana. Çok tuhaf bir şekilde bizim danışanın temsilcisi gidip koluna girdi. "Gördünüz mü?" diye sordum gruba, gruptan bir tepki alamadım. "Babasının annesini aldattığı kadının yanında şu an ve onun yanında daha iyi hissediyor kendini gördünüz mü?" dedim bir kez daha, "Gördük" dediler.

"Şimdi bana soracaksınız neden böyle yapıyor? Çünkü anne o kadar büyük bir öfke açığa çıkarıyor ki babayı zaten görmezden geliyor. Ve çocuğunu kendi ilişkilerine sokuyor. Bu gibi durumlarda bazen çocuklar faile kilitlenirler, kurbanın değil, failin yanında yer alırlar. Annenin yaptığının haksızlık olduğunu görür öyle düşünürler. Ve babalarının seçiminin yanında durmayı seçerler. Bu da ilerleyen yaşlarda ne yapar? Vicdan hemen bir çatışma yaratır ve anneyi dışlamaya başlar. Dolayısıyla kadınlığıyla derdi olmaya başlar. Ondan sonra ne yapar? Babasının intikamını almak, annesi gibi hissetmek için evli erkekleri kendi hayat alanına çeker. Eğer bu hayatı sürdürmek isteseydi öyle yaşayabilirdi. Bize başvurup geldiğine göre içindeki sıkışıklığı hissetmiş olsa gerek. Böyle bir hayatın sahibi olmak istemiyor olsa gerek."

Kendisi de başını sallayarak beni teyit etti. Dolayısıyla bu ikilemin nerede oluştuğunu hep beraber görüyorduk.

"Lütfen şimdi Meltem Hanım'ın gözlerinin içine bak, annenin gözlerinin içine bak, babanın gözlerinin içine bak ve geri çekil. Yönünü başka bir yere çevir. Orada rahatlayacaksın."

Derin bir iç çekti. Nasıl hissettiğini sorduğumda çok rahatladığını söyledi.

"Böylesi bir durumla karşılaşmış olanlarınız bunun bir çocuk için ne kadar büyük bir yük olduğunu, ne denli acı verici bir hadise olduğunu anlamışlardır. Ancak şunu bilmemiz gerekiyor, babamız güçlü ve büyük biri. Onun seçimine hepimizin saygı duyması gerekiyor. Annem acı çekmiş olabilir ve acı çeken bir anneyi gözlemlemek bir çocuk için çok acı verici olabilir. Ama ne olursa olsun bu büyüklerin meselesi. Bizim dahil olmamamız gerekir. Keşke annen boşanmayı seçseydi, sen de bu denli bir yük taşımamış olurdun. Değil mi?"

"Evet hocam."

"Size aynısı olsa ne yapardınız?"

"Boşardım hocam."

"Bunu söylemek tuhaf gelebilir herkese ama hayatımda tanıştığım bütün kadınlar ve erkeklerde evli biriyle olmanın suçluluk ve pişmanlık duygusunu hep gördüm. Ama karşı koyamadığı bir enerji de barındırdıklarını da gözlemledim. Dolayısıyla o enerji böylesi bir enerji olabiliyor. Lütfen siz de bu enerjiden artık azade olun. Özgün hayatınıza bağlanabildiğiniz, toplum içine çıkabildiğiniz ilişkiler kurabilin."

Hep beraber tüm grup "Olsun o halde" dedi ve çalışmayı kapadık.

Evli erkekleri çekmenin dinamiklerinden biri budur. Bazen baba alelade aldatır ve anne öyle büyük bir tepki açığa çıkarır ki çocuk, kurbana kilitlenebilir. Babayla aşk yaşayan çocuk babaya ulaşmak için annesini kıskanır ve annesini kıskandığı için babayı ayartmaya çalışır. Bunu çocukluğunda başaramadığındaysa ilerleyen dönemlerde başka kadınların erkeklerini ayartarak bir adamın seçtiği kadın olmaya çalışır.

Buradaki bir diğer dinamik de bağlanma bozukluğu olan insanların evlenmemeyi garanti altına alabilmek için bağlanmayacakları insanları hayatlarına çekmesidir. Evli insanlarla kurdukları ilişki aslında kurabildikleri en güvenli ilişkidir. Evli bir insanla kurulan ilişki çoğu zaman iyileştiricidir. Evli birileri arasında kurulmuş üçgen ilişkide ikisi de birbirlerine en iyi hallerini sunarlar. İkisinin de mutsuz oldukları bir evlilikleri vardır. Birbirlerine en iyi hallerini de sundukları için çok mutlu olurlar. Ve bu mutluluk hali ne tuhaftır ki eve yansır. Ve evdeki ilişkileri iyileşmeye başlar. Bir gün ikileme düşerler ve zor bir karar verip ayrılmak zorunda kalırlar.

Eğer biri evli diğeri bekâr olan üçgen ilişki söz konusuysa burada da en güvenli ilişki biçiminin bu olduğunu bilen biri vardır muhakkak. Kısaca sahte bir konfor alanıdır yaratılan.

Her aldatma vakasını kendine özel ele almamız lazım. Bugüne kadar eşini aldatan hemen her kadından aynı şeyi duydum: "Ben böyle bir şey yapabileceğimi aklımın ucundan geçirmezdim, meğer oluyormuş." Aldatmanın altındaki dinamikler bize kendimizle, çocukluğumuzla, ebeveynimizle ilgili çözülmemiş derin bir yaraya işaret edebilir. Bu, ortadaki suçu hafifletmeyecektir tabii ki... Ama hepimizin geçmişten bir şeyler getirdiğimizi görelim isterim artık. Bununla savaşmayalım. Kaç yaşında olduğumuzdan, eğitimimizden, başarılarımızdan bağımsız olarak sonuçta bir insan olduğumuzu görelim. Her insanın bir şekilde oluştuğunu anlayalım. Bir yetişkin olarak nasıl ki en iyi eğitimleri almak ve hayatta başarımızı artırmak istiyorsak hem kendimiz hem de çocuklarımız için, ruhsal yolların da buna en büyük katkıyı verecek yöntem olduğunu bilelim. Dünyanın en güzel insanı da olsanız, en zengini de olsanız mesele bir ayrılığa bakar. Hep söylerim:

Psikoloji daima galip gelir.

Biraz Daha Az Sevgiye Katlanabilir miyim?

30'lu yaşlarında genç bir erkek oturdu yanıma.

"Hocam..." dedi. "Ben biriyle evlenmek istiyorum. Ama o daha önce bir evlilik yapmış boşanmış ve bir çocuğu var. Uyuşabilir miyim bilmiyorum."

"Onu mu görmek istiyorsunuz alanda?"

"Evet."

"Bunu alanda görmeye şu an ihtiyacımız yok, siz önce şuna cevap verin, biraz daha az sevgiye katlanabilir misiniz?"

Duraksadı.

"Ne demek istiyorsunuz?"

"Hayatında çocuğu olan bir kişiyle evlenmek demek daha az sevgiye katlanmak demektir. Çünkü her zaman önceliği çocuğu olacaktır. Kendinizi buna hazırladınız mı?"

Gözleri dolmaya başladı.

"İkinci sırada olmak sizi üzer mi ilerde?"

Sessiz kaldı.

"Önce buna katlanıp katlanamayacağınızı bir düşünün, kendi vicdanınızla, kendi bilincinizle buna bir cevap verin. Sonra gelip sizinle alanda da çalışabiliriz" dedim. Teşekkür ettim, yerine gönderdim, açılımı kapadım.

Bazı açılımlar yapılmaz, açılım ön bilgi alma aşamasında gerçekleşebilir, geri kalanı pantomimdir. Her başvuranın açılımı yapılacak diye bir kaide de yoktur. Bazı açılımlar hiç yapılmaz zaten. Bazıları da anamnezi sırasında biter. Bu da böyle bir açılımdır.

Bahsettiğimiz beyefendi bir çeşit fal baktırmaya gelmiş gibiydi. Halbuki ben ona çok gerçek bir şey söyledim. Çocuklu biriyle evlenmek demek daha az sevgiye katlanmak demektir.

Kendisi bir süre sonra tekrar geldi. Üzerine düşünüp düşünmediğini sordum. Düşündüğünü söyledi, kararını sordum.

"Buna katlanmakta çok güçlük çekeceğimi anladım. İkinci olmak veya önceliği vermiş olmak üzerine, siz dikkatimi çektiğiniz için, düşündüm ve bunun beni rahatsız edeceğini fark ettim, hakikaten bunu hissettim. Ama öte yandan hanımefendiyi çok seviyorum ve evlenmek istiyorum."

İşte şimdi gerçek bir dizim konusuyla geldiğini ve gerçek bir açılım yapabileceğimizi söyledim. Annesini, babasını ve kendisini temsilen birilerini aldım. Alanda dizildiler. Annesinin bir mimiğini gördüm.

"Senden önce kaybolmuş, ölmüş bir kardeşin var mı?"

"Evet hocam, benden önce doğan ağabeyim sadece bir gün yaşamış, ölmüş."

"Allah rahmet eylesin, ismi neymiş?"

Güldü, "Ben onun ismini taşıyorum" dedi.

"Hayatın boyunca hep ikinci mi olacaksın?"

"Artık istemiyorum hocam."

Ölen ağabeyinin temsilcisini alana yerleştirdim, yere uzandırdım. Danışanın temsilcisine yerde yatan temsilcinin yanına gitmesini söyledim. Başına gitti. Omzuna dokunmasını söyledim. Temas etti. Ona "Seninle oynamak isterdim" demesini istedim. Çok derin bir an oldu bizim için. "Hayat beni seçti ve bir gün kavuşacağız" demesini istedim. Nasıl hissettiğini sordum. Rahatladığını söyledi.

Kalkıp anne babasının karşısına gitmesini ve onlara "Anne, baba, bana baktığınızda kimi görüyorsunuz?" demesini istedim. Duygularına müsaade ettim herkesin. Anlayıp anlamadığını sordum. Anladığını, hissettiğini söyledi. Teşekkür ettik birbirimize ve yerine geçti. Gruba döndüm.

"Daha önce boşanmış ve çocuğu olan biriyle evlenmeden önce her zaman böyle bir dinamik gözlemlemeyiz. Burada çeşitli katmanlar var. Ama bu durum için sabit olan bir şey varsa, çocuğu olan biriyle olmayan birinin daima bu soruyu kendisine sorması gerekiyor: Biraz daha az sevgiye katlanabilir miyim?

Biraz evvel deneyimlediğimiz açılımda fark ettiğimiz şey kişiye, kendinden önce ölen ve adını taşıdığı ağabeyinin devamı olduğu için hayatta hep ikinci olmalıyım, güvenli olan ikinci olmak gibi bir kaderin yerleşmiş olması. Siz de bu dinamiklere lütfen dikkat edin.

Evlilik çok önemli bir karardır. Daha önce de hep söylediğim gibi evliliğe kişinin ruhsal, psikolojik, maddi, manevi, zihinsel hazırlık yapmış olması gerekmektedir. Bunun yine önemle altını çiziyorum. Ancak böylesi etkiler görüldükten ve çözüldükten sonra pekâlâ sizden önce evlenmiş, boşanmış, çocuğu olan biriyle evlenebilirsiniz. Aynı durumu bir gün siz de deneyimleyebilirsiniz. Mesele burada ötekini yargılamak değil. Meseleye biraz bu açıdan, dengeyi nasıl gözetebilirim açısından bakmak gerekir."

Ve çalışmayı kapattım.

SON SÖZ

Zar zor alınmış bir Schengen vizesiyle –o da Malta'dan– gittim ilk kez Meister'imin yanına. Sağ olsun o zamanlar danışanım Ayşin vize, otel işlerini gönülden halletmişti. Sevtap ile birlikte gitmiştik ucuz bir uçakla. Hatta onun eski eşi Jürgen'in evinde kalmıştım Ebertplatz Köln'de. Bana hem tercümanlık hem de kalacak yer vermiş olmadı, bugüne gelmemdeki en büyük katkılardan birini sunmuş oldu. Allah yolumu hep açtı, hamt olsun. Beni, bu yola çıkmamda vesile olan çok güzel insanlarla ve şahane tesadüflerle (!) bir araya getirdi. Zira bir gün evde otururken içimden bir dua etmiştim. Demiştim ki: "Allahım, beni yaratırken bende düşlediğin ne varsa olsun o halde!" Bu dua benim yaşamımı değiştirdi.

Diyorum ya yollar, insanlar, fırsatlar, önüme bir bir gelmeye başladılar. Bu iş beni seçti derken hayal mahsulü bir şey söylemiyorum. Meğer ben hep buna hazırlanıyormuşum. Dillere olan merakım (Öz Türkçe, İngilizce, Almanca, İtalyanca) ve yatkınlığım, sinema eğitimiyle alan-oyuncu-mimik-oyun-hareket yönetme becerililerim, ilk zamanlarda oldukça yoğun çalıştığım kuantum teknikleri için kafamda senaryo canlandırma bilgim... Tüm bunlar, en çok Mahasti'nin desteğiyle olabilirdi. Onun yarattığı huzur alanında ve sonsuz desteğiyle mümkün oldu. Ona hayatım boyunca minnettarım. Çok teşekkür ederim Mahicun...

Umarım bu kitap da sizin hayatınızda benim haberimin bile olamayacağı güzel dönüşümlere bir nebze de olsa katkı sağlar. İnanın bana, bir kitap tek bir paragrafı için okunur. Umarım o paragraf bu kitapta vardır ve bu sizin hayatınızın dönüm noktalarından birine hizmet eder...

KAYNAKÇA

Adler, A. (1930). The education of children. New York, NY: Greenburg.

Adler, A. (1932). What life should mean to you. Boston, MA: Little, Brown.

Bowlby, J. (1951). Maternal care and mental health. London: World Health Organization.

Family Constellation Ireland. (2019). https://www.family-constellationsireland.com/orders-of-love

Family Constellations. (2016). https://www.goodtherapy.org/learn-abouttherapy/types/family-constellations

Franke, U. (2017). The river never looks back historical and practical foundations of Bert Hellinger's family constellations. Ebook. Carl-Auer-Systeme Verlag: Heidelberg.

Gallagher, R., & Lima, C. N. L. (2020). Birth order and family constellation. The Encyclopedia of Child and Adolescent Development, 1–13. doi:10.1002/9781119171492.wecad216

Gunthard Weber'in makalesini esas alıyorum: "Repareer niet wat werkt," in Bert Hellinger, Gunthard Weber, Marianne Franke-Gricksch, Albrecht Mahr, Jakob Schneider, Leven so als het is: Werken met familieopstellingen, organisatieopstellingen en constultatieopstellingen. Zalsman Grafische Bedrijven, Groningen: Uitgeverij Het Noorderlicht, 2002.

Hellinger ders notları ve www.hellinger.com

Hellinger, B. (1995). Familien-Stellen mit Kranken. Handbook accompanying 10-hour live video edition of a course for patients and their psychotherapists and physicians. Heidelberg (Carl-Auer-Systeme).

Hellinger, B. (2001). Love's own truths. Bonding and balancing in close relationships. Phoenix, AZ:Zeig, Tucker and Theisen.

Hellinger, B., & Hövel, G. (1999). Acknowledging what is: Conversations with Bert Hellinger. Phoenix, AZ: Zeig, Tucker and Co., Inc.

Hellinger, B., Weber, G., & Beaumont, H. (1998). Love's hidden symmetry: What makes love work in relationships? Phoenix, AZ: Zeig, Tucker and Theisen.

Hellinger, *Love's Hidden Symmetry ("Sevginin Saklı Simetrisi")*

Joy Marine, *Soul Therapy ("Ruh Terapisi"),* North Atlantic Books, 1997.

Laosa, L. M., & Sigel, I. E. (1982). Families as learning environments for children. New York and London: Plenum Press.

Mackay, N. (2012). Between the lines: Healing the ındividual & ancestral soul with family constellation. Winchestar UK: O-Books.

Mayer, C.-H., & Boness, C. M. (2003). Südafrikanische Kulturstandards. Handlungsrelevantes Wissen für Fach- und Führungskräfte. Africa Spectrum, 38: 173-196.

Mayer, C.-H., & Viviers, R. (2016). Constellation work and Zulu culture: Theoretical reflections on therapeutic and cultural concepts. Journal of Sociology and Social Anthropology, 7(2), 101–10.

Schober-Howorka, J. (2012). Family constellation and past lives with newly developed methods and resolution statements. 5th edition. Germany: Schirner Verlag.

Stone, B. (2008). Invisible roots: How healing past life trauma can liberate your present. Santa Rosa, CA: Energy Psychology Press.

Stones, B. (2006). A brief history of Bert Hellinger's family constellations. Self & Society, 33(4), 5–9.

The Original Hellinger Family Constellation. (2020). https://www.hellinger.com/en/home/family-constellation

Toman, W. (1961). Family constellation: Theory and practice of a psychological game. New York: Springer.

Toman, W. (1993). Family constellation: Its effects on personality and social behavior, 4th Edition. New York:Springer Publishing Company.